"¡Inspirador, instructivo y atractivo! ¿Cuál es la mejor parte de pasar tiempo juntos? ¿Qué disfraces de Halloween usaste de niño? ¿Qué debo saber de ti que nunca he pensado en preguntar? ¿Con qué frecuencia has sentido un adormecimiento en tus conversaciones que necesitabas una pequeña motivación? ¡Dana Nygaard tiene la solución perfecta! *365 Citas* ofrece tres preguntas para hacerle a tu cónyuge en sus citas semanales. Así es, semanales. Las preguntas son lo suficientemente atractivas como para motivar una oportunidad semanal para disfrutar dando sus propias respuestas mientras despierta la curiosidad sobre cómo su cónyuge podría responder al las mismas preguntas. Esta pequeña guía práctica puede aumentar tu curiosidad sobre tu cónyuge y despertar el interés de uno sobre el otro nuevamente. Estas preguntas invitan a conversaciones animadas, sin ser amenazantes. Gracias, Dana por invertir en nuestros matrimonios y saber que una buena pregunta ofrece una buena conversación. Mi pregunta favorita de las 1095 es: ¿Qué tan rico serías si convirtieras mi amor en dinero"?

JANICE INGRAM, LPC-S, Copropietaria de LifeView Counseling, Ministra de Mujeres de The Branch Church

"¡Dana, eres extraordinaria! Gracias por crear un libro tan impresionante e inspirador. El libro proporciona muchos puntos de conversación para ayudar incluso a la pareja más experimentada en intimidad emocional. Personalmente me gustó la cita 232 porque durante 35 años de matrimonio ha habido vaivenes, pero la única constante ha sido el humor. Pasando tiempo de calidad juntos, reflexionando y riéndonos sobre los acontecimientos de nuestras vidas juntos ha ayudado a aliviar el estrés y la tensión en nuestra relación. El libro nos pone los pies sobre la tierra y nos obliga a reflexionar sobre nuestra relación juntos, no en algún desacuerdo que potencialmente podría separarnos. Te lo agradezco. Gracias. Gracias".

KELVIN SMITH, MA, LPC

"¡GUAU! Qué manera tan creativa de reunir a las parejas alrededor de temas y conversaciones que generan unidad, confianza y amor y ayudan a ahondar en conversaciones más profundas que muchas parejas evitan. Larry y yo nos divertimos tanto haciendo las preguntas que nos resultó difícil detenernos en un solo día. De hecho, acabamos de terminar 10 días seguidos de preguntas, riéndonos de nuestras respuestas y listos para la conversación profunda y significativa a la que nos inducen. Estamos en nuestro 23er año de matrimonio y estamos deseando llenar nuestro libro con respuestas, para poder transmitirlas a nuestros hijos, quienes con suerte aprenderán de ellas. Gracias, Dana, por ser un regalo para el Cuerpo de Cristo y por encontrar una manera tan creativa de acercar más a las parejas".

STACI WALLACE, fundadora de EMwomen.com
y Autora de *Alimentado por Fuego*

"El libro de Dana es único entre los libros sobre el matrimonio. En lugar de darle a usted un libro de 'cómo hacerlo' que promete proporcionar soluciones a todos sus problemas, ella proporciona preguntas que provocarán conversaciones nuevas que alguna vez fueron la fuerza de la relación. Estas preguntas les conducirán a conversaciones acerca de todo, desde sus comidas preferidas hasta sus historias favoritas de la Biblia".

TOM DAVIS, MA en Apologética Cristiana

"Matrimonio. El sueño de toda niña. Fantásticas esperanzas de un Príncipe Azul y vivir 'Felices para Siempre'. Luego la realidad. Los matrimonios duraderos, fuertes y amorosos toman mucho trabajo. Mi marido y yo no habríamos durado estos 50 años de no ser por un intenso compromiso y una voluntad de involucrarnos con libros y cursos sobre relaciones matrimoniales. Hemos pasado por muchos de estos, especialmente en nuestros días de juventud y mediana edad. Y cada momento invertido ha dado sus frutos. La belleza de este libro es la facilidad y la diversión de participar en las *365 Citas* para la renovación de un matrimonio que tiene la esperanza de discernimiento, conocimiento de nuestras diferencias, intimidad y alegría. Es realmente un compromiso muy pequeño para fortalecer cualquier matrimonio. No hay lecciones largas ni tareas. No hay que asistir a reuniones. Solamente ¡citas divertidas y relajantes! ¿Recuerdas cuando salir con tu futuro esposo o esposa era tan maravilloso? ¿Cuándo no podías esperar para pasar tiempo juntos? Pues bien, si has perdido esa chispa, te aseguro que puedes recuperarla. Sólo que esta vez será aún mejor. Sin sueños idealizados, sino más bien con un amor maduro y sólido y el gozo de la compañía mutua. Te recomiendo encarecidamente que leas este libro y aproveches la experiencia que Dana Nygaard, LPC, ha compartido a lo largo de estas páginas. Ella es una hermosa dama cristiana que ha tenido mucho éxito superando muchos acontecimientos injustos en su propia vida. Date una oportunidad. ¿Qué tienes que perder"?

PATRICIA CROOKS, LPC

"Este es un gran libro para cualquier pareja en cualquier etapa de su matrimonio para profundizar en su búsqueda de intimidad con su cónyuge. Las pautas de conversación son perfectas para ayudar a las parejas a entender el propósito de su matrimonio".

ASHLEY DAVIS, MA, LPC

"¡Mi esposa y yo celebraremos 25 años de matrimonio el próximo año! Planeamos utilizar *"365 Citas para Renovar su Matrimonio Cristiano"*, por Dana Nygaard, el próximo año. Dana Nygaard ha escrito un recurso fácil de usar para una cita nocturna que cambiará la forma en que las parejas casadas se comunican entre sí. Después de casi 25 años de matrimonio, aprendo algo nuevo sobre mi cónyuge cuando le hago preguntas divertidas, interesantes y desafiantes. *365 Citas* te libera del trabajo de crear esas esas preguntas. ¡Todo lo que tenemos que hacer es hablar! Nuestro mundo de hoy está súper distraído con los medios y la tecnología. Guarda tu teléfono inteligente y toma 365 Citas para revitalizar tus conversaciones y renovar tu matrimonio. El matrimonio requiere trabajo, pero *365 Citas* hace que ese trabajo sea mucho más fácil".

JAY WONACOTT, Director de la Oficina
de Matrimonio y Vida Familiar

365 Citas

PARA RENOVAR SU

Matrimonio Cristiano

Aumentando su intimidad emocional
una pregunta a la vez

DANA NYGAARD, MA, LPC

Publicaciones de Consejería de Confort Cristiano

Crédito de fotografía de Kenneth Munyer

365 Citas para Renovar su Matrimonio Cristiano:
Aumentando su intimidad emocional una pregunta a la vez
Publicado por Christian Comfort Counseling, PLLC 2201
Winterstone Drive
Plano, TX 75203
www.christiancomfortcounseling.com

Agradecimientos

QUIERO EMPEZAR agradeciendo a mi santo esposo, David Nygaard, quien me inspiró y animó a escribir este libro. Se encargó de todo, desde las tareas domésticas y comerciales hasta los más mínimos detalles de nuestra vida diaria para que yo pudiera llevar a cabo este proyecto. Estaba tan dedicado a completar este esfuerzo como yo. *Mi David*, soy bendecida y muy favorecida por ser tu esposa.

Este libro no hubiera sido posible sin el Espíritu Santo quien me guio a través de todo el proceso desde el inicio hasta la edición final.

Agradezco a Richard y a Erin Kerry por su comprensiva y encantadora presentación. Gracias a Candace Bermender como mi directora de marketing, quien diseñó la hermosa portada y su experiencia en estrategias de comunicación. Este proyecto no sería lo que es sin las habilidades de edición de Leslie Cruzado, quien se dedicó a leer cada palabra de este libro durante incontables horas. Agradezco a Tracy DuBois las muchas conversaciones telefónicas sobre la estructura del libro. Muchas gracias a Rachel Bower por aceptar gentilmente probar las preguntas con su novio. Doy gracias a Dios por traer a cada uno de ustedes a mi vida como mis hermanos en Cristo.

A ti, lector. Si estás leyendo esto, es porque deseas construir el Reino a partir de tu propio matrimonio y por eso te agradezco sinceramente.

"Un buen matrimonio no es algo que encuentras;
es algo que haces,
y que tienes que seguir haciendo".

Gary Thomas

Prefacio

DESPUÉS DE TRABAJAR CON PAREJAS JÓVENES durante muchos años a través clases prematrimoniales que enseñamos juntos en nuestra iglesia, con frecuencia vemos un tema recurrente. Muchas parejas casadas luchan con la conexión continua, la comunicación y la intimidad emocional no mucho después de que la emoción de la boda se apaga.

Cuando la vida real golpea, a menudo puede ser difícil hacer del matrimonio una prioridad. Después de estar juntos durante 12 años, sabemos lo fácil que es caer en la trampa de "cómo es tu día" y respuestas de sí o no.

A menudo les decimos en nuestras clases prematrimoniales que la persona con la que te casas hoy no será la misma persona en 5 años. La pregunta es: ¿quieren cambiar y transformarse juntos, o separados?

Las preguntas abordadas en este libro están destinadas a hacerles crecer como pareja juntos, no por separado. Están diseñadas para crear una intimidad y una conexión más profundas con el fin de solidificar sus cimientos matrimoniales, sin importar cuánto tiempo hayan estado juntos.

¿Listo? El hecho de que estés abriendo este libro significa que quieres encontrar un nivel más profundo de intimidad en tu matrimonio. Si son una pareja de recién casados, que busca condimentar la noche de citas, una pareja más madura que quiere seguir avivando las llamas, o una pareja en crisis que busca desesperadamente reconectarse, este libro es para ustedes.

¿En sus marcas? Utiliza este libro de manera intencional para aprender uno del otro. Utiliza este libro de manera intencional al escuchar y observar la forma en que su pareja responde a las preguntas. Esperamos que puedas ablandar tu corazón en la preparación para usar este libro como una forma de aprender cosas nuevas, al mismo tiempo que exploras las cosas que ya conoces en un nivel más profundo.

¡Fuera! Te recomendamos que no respondas a estas preguntas con un sí o un no o frases cortas. Trata de profundizar un poco más. Tu vulnerabilidad aumentará tu intimidad y tu confianza. Tu vulnerabilidad aumentará la probabilidad de que tu pareja también sea vulnerable.

Asegúrate de afirmar a tu pareja mientras comparte y no dar tus pensamientos u opiniones sobre sus respuestas. Es SU turno de compartir y TU turno de conocer más sobre ellos. Es nuestra esperanza y oración que bajes la guardia, te abras y crezcas durante estas conversaciones. Ya sea que haya viejas heridas, amargura o resentimiento, buscarás crear una renovación en tu matrimonio y estar presente con tu cónyuge. Oramos para que el Señor los guíe a una nueva fase de su matrimonio, ¡una fase llena de renovada intimidad, confianza y DIVERSIÓN!

Erin Kerry, CNC & Richard Kerry, LPC

Introducción

JANE SE SENTÍA MÁS SOLA QUE NUNCA. El silencio en el viaje en auto a casa fue ensordecedor. Sus pensamientos se remontaron a hace unos días, cuando su consejero matrimonial les dio su primera tarea: ir a una cita nocturna semanal. La emoción inicial de Jane se atenuó rápidamente cuando el terapeuta les indicó que se reconectaran emocionalmente, *sin* hablar de sus hijos.

Mientras conducían hacia el restaurante para su primera cita nocturna en años, se reían nerviosamente cada vez que inadvertidamente sacaban a colación el tema de sus hijos. Su risa quebradiza fue reemplazada por una discusión "seca como el polvo" sobre los pros y los contras de reemplazar su antiguo calentador de agua. Jane estaba consternada por lo incómodo que se sentía estar a solas con su propio marido. Ella estaba recordando su noviazgo cuando parecía que no podían tener suficiente el uno del otro y hablaban durante horas y horas. Jane salió sobresaltada de su ensueño cuando su marido encendió la radio para llenar el vacío de la conversación.

El restaurante donde tenían una reservación para cenar era conocido por su ambiente romántico, lo que le dio a Jane una luz de esperanza de que la noche pudiera salvarse. Al sentarse, observó la habitación y sintió una punzada de celos mientras veía a las parejas enamoradas sonriendo y riendo fácilmente en las mesas cercanas. Jane volvió a enfocar su atención en su esposo y suspiró profundamente cuando se dio cuenta de que él estaba hablando sobre qué plan de seguro dental elegir para su familia.

La pareja que hoy se sienta frente al terapeuta está llena de afecto y ternura renovados del uno hacia el otro. De acuerdo con las notas del terapeuta en su archivo, Jane y su esposo, habían mejorado dramáticamente su conexión emocional al buscar intencionalmente una comprensión y aceptación más profunda del uno y el otro.

Este libro contribuirá a su matrimonio al ayudarle a "iniciar" conversaciones que le harán reír, recordar el pasado y tal vez, incluso derramar una lágrima o dos, a medida que va realizando descubrimientos sobre su cónyuge. Al hacer preguntas interesantes y escuchar con la intención de amar, puede fortalecer su vínculo matrimonial.

Años antes de comenzar a trabajar con parejas como psicoterapeuta cristiana y dirigir retiros matrimoniales, me interesé en mantener viva la llama proverbial en mi propio matrimonio. Nuestra tradición en los viajes por carretera era llevar dos libros de preguntas para parejas que nos turnábamos para preguntarnos el uno al otro. Esto condujo a conversaciones asombrosas con una nueva percepción y humor en nuestra relación. Sin embargo, había un inconveniente, una y otra vez nos encontrábamos con preguntas que iban desde desagradables hasta inapropiadas, y muchas eran ofensivas para nuestra sensibilidad cristiana. En algunos viajes rechazamos pregunta tras pregunta antes de encontrar una que creyéramos apropiada para nuestra unión sagrada.

Este libro fue creado para ofrecerle al lector una experiencia segura y auténticamente cristiana mientras ustedes se esfuerzan por mantener el fuego encendido en su relación. El libro está dividido en 365 citas y cada cita incluye un conjunto de tres preguntas no relacionadas. Los conjuntos de preguntas siguen el formato de *"¡En sus marcas... Listos... Fuera!"*

La pregunta *"En sus marcas"* está diseñada para comenzar su cita con el pie derecho haciéndose una pregunta de calentamiento.

La pregunta de *"Listos"* está pensada para ser conversada después de llegar al lugar de la cita, mientras disfrutan de una comida tranquila o quizás entre los partidos de boliche.

La pregunta *"¡Fuera!"* está hecha para cuando tienen algo de privacidad después de su cita, mientras comparten una copa de vino en el patio de su casa o dan un paseo romántico.

Cada una de las 365 citas gira en torno a la idea de que son un trampolín para profundizar en los intereses, sueños y desafíos de la vida en evolución de cada uno. Permitan que estas preguntas lo lleven por el viaje de los recuerdos, a recovecos profundos y aventuras futuras. No vean esto como una lista de verificación, sino como un punto de partida para revivir su conexión emocional y una comprensión renovada de a persona que amas.

Hmmm ... ¿por qué sigues leyendo esta introducción?
¡Ve y pídele una cita a tu cónyuge!

Un poco de orientación

HE REUNIDO algunas de las mejores preguntas con ustedes en mente. Cada pregunta ha sido discernida con consideración, amor y oración. Espero que respondan a cada pregunta abierta y honestamente. Y que reciban las respuestas de su cónyuge con entusiasmo, empatía y ternura. Al hacerlo, profundizarán su intimidad emocional y nutrirán su matrimonio. Les sugerimos que lo hagan comprometiéndose a una cita significativa a la semana con su cónyuge. Su cita semanal puede variar desde salir a disfrutar de una comida relajante, organizar una aventura emocionante o crear una cita romántica para quedarse en casa.

Como en todo, siempre es aconsejable comenzar con una oración, por lo que en la página 19 encontrarán una oración individual que puede decir mientras se prepara para su cita; seguido de la Oración de la Pareja, que deben rezar juntos antes de la cita.

El proceso consiste en turnarse para hacer y responder las tres preguntas durante la cita, mientras que dan tiempo para discutir cada una de sus respuestas con mayor profundidad. Las preguntas no están diseñadas como tareas a completar, sino como puntos de partida.

Comience con la pregunta *"En sus marcas"* para comenzar su cita con el pie derecho en una conversación atractiva pero fácil. Se podría hablar de esta pregunta en el automóvil mientras conduce hacia el destino de su cita.

Continúe con la pregunta *"Listos"* una vez que hayan llegado a su destino y puedan concentrarse el uno en el otro para tener una conversación más personal. Esta pregunta es más sustancial, y normalmente puede discutirse en un entorno público.

Viajen a una conversación más profunda con la pregunta *"¡Fuera!"*. A estas alturas, deberían estar preparados para una discusión más profunda que puede requerir privacidad. Esta conversación está estructurada para ser compartida en un entorno íntimo, donde se sientan libres para ser vulnerables.

Cada pregunta de *"¡En sus marcas...Listos...Fuera!"* tiene una casilla de verificación para marcarla luego de que ambos tengan la oportunidad de compartir su respuesta a la pregunta. Con todo eso en mente, ajuste el formato del libro para que se adapte a sus personalidades y estilo de vida únicos. Puede elegir hacer varias citas en un viaje por carretera o reservar un tiempo cada día para entablar una conversación, o lo dejamos a su propia imaginación.

Oraciones

Oren individualmente y juntos para que,
"Y cuanto hagan o digan, háganlo todo en el nombre del
Señor Jesús, dando gracias a Dios el Padre por medio de Él".
Colosenses 3:17

La Oración del Esposo (Basada en Efesios 5)

Amado Señor, ayúdame a ser un esposo que ama a mi esposa, como Cristo ama a la iglesia. Te pido la gracia de dar mi vida por ella cada día. Que yo siempre enriquezca su vida y le traiga el bien. Amén.

Oración de la Esposa (Basada en Proverbios 31)

Querido Señor, ayúdame a ser una esposa de carácter noble. Te pido la gracia de ser virtuosa y capaz. Que siempre enriquezca la vida de mi esposo y le traiga el bien. Amén.

Oración de la Pareja (Basada en Eclesiastés 4:12 y Proverbios 27:17)

Querido Señor, sabemos que un cordón de tres hilos no se rompe rápidamente. Oramos para que, en nuestro matrimonio, como el hierro se afila con el hierro, nos afilemos el uno con el otro. Ayúdanos a someternos el uno al otro por reverencia a Jesucristo. Danos la gracia de amarnos uno a otro de manera comprensiva. Amén.

Cita 1

☐ *En sus Marcas...* ¿Cuál es la palabra que mejor te describe?

☐ *Listos...* Si pudieras viajar en el tiempo para encontrarte con tu familia, preferirías ir al pasado o al futuro?

☐ *¡Fuera!* ¿Habría suficiente evidencia para condenarte si fueras juzgado por tu fe cristiana?

Cita 2

☐ *En sus Marcas...* ¿Cuál de nosotros es más probable que se ría en un momento inapropiado?

☐ *Listos...* ¿Hay algo que pueda hacer a diario para hacer tu vida más fácil o más feliz?

☐ *¡Fuera!* ¿Qué cosa cambiarías de nuestro matrimonio?

Cita 3

☐ *En sus Marcas...* ¿Cuáles de tus cualidades de la infancia han perdurado en tu edad adulta?

☐ *Listos...* ¿De qué hablarías al mundo entero en un discurso de 10 minutos?

☐ *¡Fuera!* ¿Cómo vives la "Regla de Oro" en nuestro matrimonio?

Cita 4

☐ *En sus Marcas* ... Durante la escuela primaria, ¿alguna vez tuviste que faltar al recreo como castigo?

☐ *Listos* ... ¿Qué harías si supieras que no puedes fallar?

☐ *¡Fuera!* ¿Eres quién eres hoy gracias a tus padres o a pesar de ellos?

Cita 5

☐ *En sus Marcas...* ¿Cuál es tu placer culpable favorito?

☐ *Listos...* Si pudieras haber presenciado algún evento bíblico, ¿cuál elegirías?

☐ *¡Fuera!* ¿Qué le dirías en 3 palabras a través de una nota a tu yo más joven?

Cita 6

☐ *En sus Marcas...* ¿Qué te gustaría hacer ahora mismo si el dinero no fuera un problema?

☐ *Listos...* ¿Sientes la necesidad de ser perfecto/a?

☐ *¡Fuera!* ¿Eres sobrestimado o subestimado por los demás?

Cita 7

☐ *En sus Marcas...* ¿Qué te hace sonreír tanto que te duelen las mejillas?

☐ *Listos...* ¿Quién te inspira a ser una mejor persona?

☐ *¡Fuera!* ¿Hay algún cumplido que necesitas escuchar de mí?

Cita 8

☐ *En sus Marcas*... ¿Cuál de las colecciones más grandes del mundo te gustaría tener?

☐ *Listos*... ¿Hay algo que hayas aprendido de alguna relación pasada?

☐ *¡Fuera!* ¿Cómo puedo ayudarte a hacer realidad los sueños de tu vida?

Cita 9

☐ *En sus Marcas...* ¿Qué característica física te gusta más de mí?

☐ *Listos...* ¿Hay algo que desearías haber hecho mejor?

☐ *¡Fuera!* ¿Cuándo supiste que querías casarte conmigo?

Cita 10

☐ *En sus Marcas*... ¿Cuánto tendría que pagarte alguien para que renunciaras a tu bebida favorita?

☐ *Listos*... Durante tu infancia, ¿qué actividades o pasatiempos disfrutabas?

☐ *¡Fuera!* ¿Cuál es tu discurso de promoción de 30 segundos sobre quién eres como cristiano?

Cita 11

☐ *En sus Marcas...* ¿Qué harías con tu tiempo si no tuvieras que trabajar por dinero?

☐ *Listos...* ¿Cómo sabes que te estoy escuchando?

☐ *¡Fuera!* ¿Existen creencias autolimitantes que te impiden vivir la vida de tus sueños?

Cita 12

☐ *En sus Marcas...* ¿Hay un placer sencillo en la vida por el que estés agradecido?

☐ *Listos...* ¿Qué causa defendería tu fundación caritativa?

☐ *¡Fuera!* ¿Cómo te hago una mejor persona?

Cita 13

☐ *En sus Marcas...* ¿Quién es la persona más
divertida que conoces?

☐ *Listos...* ¿Cuáles son las 5 cosas (no las
personas) por las que estás más
agradecido en tu vida?

☐ *¡Fuera!* ¿Como quieres que te recuerden?

Cita 14

☐ *En sus Marcas...* ¿Sin cuál de tus cinco sentidos sería más difícil vivir?

☐ *Listos...* ¿Crees que es importante hablar sobre tus sentimientos y no solamente sobre tus pensamientos?

☐ *¡Fuera!* ¿Cuáles son algunas de las cosas que "afectan o crean tu estado de ánimo"?

Cita 15

☐ *En sus Marcas...* Si pudieras tener cualquier trabajo en la historia, ¿cuál escogerías?

☐ *Listos...* ¿Cuál es el mejor cumplido que has recibido?

☐ *¡Fuera!* ¿Qué figuras espirituales, vivas o fallecidas, han sido las de mayor influencia en tu viaje de fe?

Cita 16

☐ *En sus Marcas* ... ¿Quién te gustaría que te interpretara a ti en una película sobre tu vida?

☐ *Listos* ... ¿Qué día elegirías revivir una y otra vez?

☐ *¡Fuera!* ¿Qué te hace sentir apreciado/a por mí?

Cita 17

☐ *En sus Marcas* ... Si solo pudieras usar 2 productos de belleza o de tocador por el resto de tu vida, además del jabón y el champú, ¿cuáles elegirías?

☐ *Listos* ... ¿Qué extrañas de tu infancia, si es que extrañas algo?

☐ *¡Fuera!* ¿Hay algo que desearías no ver o desaprender?

Cita 18

☐ *En sus Marcas...* ¿Hay algo por lo que estés agradecido hoy que no tenías hace un año?

☐ *Listos...* ¿Qué cosas no te gustan pero que haces de todos modos?

☐ *¡Fuera!* ¿Dónde nos ves en 5 años?

Cita 19

☐ *En sus Marcas...* ¿Quiénes fueron los mejores y peores maestros que hayas tenido?

☐ *Listos...* ¿Qué podría hacer para que te sientas más comprendido/a?

☐ *¡Fuera!* ¿Ha resultado tu vida como esperabas?

Cita 20

☐ *En sus Marcas...* ¿Cuándo fue la última vez que te reíste a carcajadas?

☐ *Listos...* ¿Qué pregunta te gustaría más que te respondiera Dios?

☐ *¡Fuera!* ¿Hay algo que te gustaría cambiar en nuestro matrimonio?

Cita 21

☐ *En sus Marcas...* ¿Hay alguna nueva tradición familiar que te gustaría comenzar?

☐ *Listos...* ¿Cómo podrías mejorar tu vida haciendo un cambio?

☐ *¡Fuera!* ¿Qué es lo que más lamentas no haberle dicho a alguien?

Cita 22

☐ *En sus Marcas...* ¿Alguna vez recibiste una detención o suspensión en la escuela?

☐ *Listos...* ¿Qué crees que va bien en nuestra relación?

☐ *¡Fuera!* ¿Cuándo te sientes respetado/a por mí?

Cita 23

☐ *En sus Marcas* ... Cuando eras adolescente, ¿qué pensabas de la vida matrimonial?

☐ *Listos* ... ¿Soy buena/o apoyándote cuando estás estresado/a?

☐ *¡Fuera!* ¿Qué lección de vida aprendiste en situaciones difíciles?

Cita 24

☐ *En sus Marcas...* Si pudieras pasar la noche en un museo, ¿cuál museo elegirías?

☐ *Listos...* ¿Cómo te gusta más que exprese mi amor hacia ti: con palabras, regalos o caricias?

☐ *¡Fuera!* ¿Cuál es el "error" más grande que has cometido en tu vida y que resultó ser una bendición?

Cita 25

☐ *En sus Marcas*... ¿Qué idioma deberíamos aprender juntos?

☐ *Listos*... ¿Alguna vez te has sentido invisible con determinadas personas o en determinadas situaciones?

☐ *¡Fuera!* ¿Qué papel tuvo Dios en tu niñez?

Cita 26

☐ *En sus Marcas...* ¿Alguna vez te disgustó algo y luego cambiaste de opinión?

☐ *Listos...* ¿Qué te trae alegría?

☐ *¡Fuera!* ¿Dedico tiempo a algo que tu percibas como una posible amenaza para nuestro matrimonio?

Cita 27

☐ *En sus Marcas...* ¿Cómo se conocieron tus padres?

☐ *Listos...* ¿Cuál es el momento más orgulloso de tu infancia?

☐ *¡Fuera!* ¿Tienes alguna "carga emocional" que debas superar para estar más en paz?

Cita 28

☐ *En sus Marcas...* ¿Cuál fue la mentira más grande que le dijiste a tus padres?

☐ *Listos...* ¿Hay algo en tu vida que no está funcionando bien?

☐ *¡Fuera!* ¿Qué te asusta del dinero?

Cita 29

☐ *En sus Marcas...* ¿Alguna vez te has reportado enfermo/a cuando necesitabas un día de salud mental?

☐ *Listos...* ¿De quién te has ganado el respeto?

☐ *¡Fuera!* ¿Qué te ayuda más cuando la vida se pone difícil?

Cita 30

☐ *En sus Marcas...* ¿Hay algún rasgo que te gustaría que más cristianos adoptaran?

☐ *Listos...* ¿Qué te hace sentir valorado/a?

☐ *¡Fuera!* ¿Hay algo que nunca deje de sorprenderte?

Cita 31

□ *En sus Marcas...* ¿Qué restaurante elegirías para comer el resto de tu vida?

□ *Listos...* ¿Te consideras una persona que perdona?

□ *¡Fuera!* ¿Hay un lado de ti que a menudo no dejas ver a los demás?

Cita 32

☐ *En sus Marcas...* ¿Hubo algo especialmente digno de mención en la historia de tu nacimiento?

☐ *Listos...* ¿Cuál destino de viaje es el primero en tu lista de deseos?

☐ *¡Fuera!* ¿Cuándo has sido juzgado/a injustamente?

Cita 33

☐ *En sus Marcas...* ¿Hay alguna película o programa de televisión que nunca te cansas de ver?

☐ *Listos...* ¿Experimentaste presión de parte de tus compañeros cuando eras niño/a o adolescente?

☐ *¡Fuera!* ¿Qué pone a prueba tu paciencia al límite?

Cita 34

☐ *En sus Marcas...* Si tuvieras que usar el vestuario de una persona famosa, viva o fallecida, ¿de quién elegirías el vestuario?

☐ *Listos...* ¿Hay algo que quieres hacer que yo no te doy la oportunidad de disfrutar?

☐ *¡Fuera!* ¿Cuál ha sido la prueba definitiva de tu resistencia física o mental?

Cita 35

☐ *En sus Marcas...* ¿Cuál juego de preguntas es tu favorito para responder?

☐ *Listos...* Si un miembro de la familia necesitara un riñón y tu fueras el/la único/a compatible, ¿donarías tu órgano?

☐ *¡Fuera!* ¿Qué 3 palabras te vienen a la mente cuando piensas en Dios?

Cita 36

☐ *En sus Marcas...* ¿Cuál es la forma más tonta en la que te has lastimado?

☐ *Listos...* ¿Crees que eres bueno/a expresando gratitud?

☐ *¡Fuera!* ¿Alguna vez te acosaron?

Cita 37

☐ *En sus Marcas...* ¿Qué trabajo nunca harías ni siquiera por $1,000,000?

☐ *Listos...* ¿De qué manera te avergonzaron tus padres cuando eras niño/a?

☐ *¡Fuera!* ¿Cuál es tu mejor recuerdo de nuestro noviazgo?

Cita 38

☐ *En sus Marcas...* ¿A quién de tu familia elegirías para iniciar un negocio?

☐ *Listos...* ¿Te resulta difícil decir "no" a los demás?

☐ *¡Fuera!* ¿Cuáles son tus mejores y peores hábitos?

Cita 39

☐ *En sus Marcas...* ¿Qué curso escolar te ha resultado más útil como adulto?

☐ *Listos...* ¿Hay algo que la gente nunca sabría de ti solo por tu apariencia?

☐ *¡Fuera!* ¿Cómo puedo traer más romance a nuestro matrimonio?

Cita 40

☐ *En sus Marcas...* ¿Prefieres comer sin subir de peso o dormir siempre lo suficiente?

☐ *Listos...* ¿Quién en tu vida no comprende tu fe cristiana?

☐ *¡Fuera!* ¿Qué lecciones de vida desearías haber sabido hace 10 años?

Cita 41

☐ *En sus Marcas...* ¿En qué tecnología moderna, además de un teléfono celular, confías ahora, que no tenías cuando eras niño/a?

☐ *Listos...* ¿Quién te hace sentir apreciado, además de mí?

☐ *¡Fuera!* Para ti, ¿cuál fue el aspecto más difícil de crecer?

Cita 42

☐ *En sus Marcas...* Durante la escuela primaria, ¿qué era lo primero que hacías después de llegar a casa?

☐ *Listos...* Si fueras invitado a un programa de entrevistas, ¿cuál sería el tema de conversación?

☐ *¡Fuera!* ¿Qué te enseñaron tus padres sobre el amor y el matrimonio?

Cita 43

☐ *En sus Marcas...* ¿Qué es lo más divertido que has visto recientemente?

☐ *Listos...* ¿A dónde irías de vacaciones sin que el dinero fuera un factor determinante?

☐ *¡Fuera!* ¿Con cuál de tus padres acudiste de niño/a cuando necesitabas hablar?

Cita 44

☐ *En sus Marcas...* Cuáles son las mejores y las peores partes de viajar?

☐ *Listos...* ¿Existe algo que mejore a medida que se envejece?

☐ *¡Fuera!* ¿Por quién has perdido el respeto que alguna vez admiraste?

Cita 45

☐ *En sus Marcas...* ¿Cuál fue la cosa más traviesa que hiciste cuando eras niño/a?

☐ *Listos...* ¿Tienes alguna escritura que te conforte?

☐ *¡Fuera!* Como tu esposa/o, ¿cumplo tus anhelos románticos?

Cita 46

□ *En sus Marcas* ... ¿Qué recuerdas de nuestro primer viaje por carretera juntos?

□ *Listos* ... Si pudieras comenzar tu carrera de nuevo, ¿qué harías de manera diferente?

□ *¡Fuera!* ¿Cuándo te es difícil ser abierto/a conmigo?

Cita 47

☐ *En sus Marcas...* ¿Qué trabajo crees que hubieses tenido si hubieras vivido a principios del siglo XX?

☐ *Listos...* ¿Te animaron a estar cerca de los miembros de tu familia?

☐ *¡Fuera!* ¿Qué te hace diferente de la mayoría de las personas?

Cita 48

☐ *En sus Marcas...* ¿A qué artista famoso, vivo o fallecido, le encargarías un retrato?

☐ *Listos...* ¿Alguna vez has querido escribir un libro?

☐ *¡Fuera!* ¿Qué he hecho recientemente que te hizo sentir orgulloso frente a los demás?

Cita 49

☐ *En sus Marcas...* Si tuvieras recursos ilimitados, ¿qué construirías o crearías?

☐ *Listos...* ¿Cuál es el mejor cumplido que te he dado?

☐ *¡Fuera!* ¿Cómo terminarías esta frase, "Me encanta cuando tú _____"?

Cita 50

☐ *En sus Marcas*... ¿Tuviste alguna tradición familiar favorita durante tu infancia?

☐ *Listos*... ¿Con quién de los que conoces, cambiarías de trabajo por un día?

☐ *¡Fuera!* ¿Alguna vez te has sentido como Job en la Biblia?

Cita 51

☐ *En sus Marcas...* ¿Hay alguna tarea doméstica que desearías no tener que volver a hacer nunca más?

☐ *Listos...* ¿Qué es lo más atrevido que has hecho en tu vida?

☐ *¡Fuera!* ¿Me guardas algún rencor?

Cita 52

☐ *En sus Marcas...* ¿Existe alguna palabra que describa mejor a mis padres?

☐ *Listos...* ¿Qué contraste entre nosotros amas?

☐ *¡Fuera!* ¿Hay ocasiones en las que traspaso los límites al criticar en lugar de expresar una queja razonable?

Cita 53

☐ *En sus Marcas...* ¿Qué es lo que más te gusta de tu apariencia?

☐ *Listos...* ¿A qué premio nominarías a tu madre o padre por su legado?

☐ *¡Fuera!* De niño/a, ¿qué te asustaba?

Cita 54

☐ *En sus Marcas...* ¿Cuál de nuestros lugares de vacaciones elegirías para vivir?

☐ *Listos...* ¿Cuál es el lugar más aterrador que has visitado?

☐ *¡Fuera!* ¿Hay algo de lo que necesitas más en tu vida?

Cita 55

□ *En sus Marcas*... ¿Qué cualidades admiras más en un pastor?

□ *Listos*... ¿Te enfocas más en el pasado, el presente o en el futuro?

□ *¡Fuera!* ¿Hay algún recuerdo mío que siempre te haga reír?

Cita 56

☐ *En sus Marcas...* En un evento, ¿preferirías estar vestido informalmente o exageradamente vestido para la ocasión?

☐ *Listos...* ¿Hay algo que no te gustaría compartir con tu familia de origen?

☐ *¡Fuera!* ¿Tienes alguna característica física que te haga sentir cohibido?

Cita 57

□ *En sus Marcas...* ¿Prefieres hacer o responder preguntas?

□ *Listos...* ¿Cuáles han sido los logros importantes de nuestro matrimonio?

□ *¡Fuera!* Dentro de diez años, ¿qué logros te gustaría haber alcanzado personalmente?

Cita 58

☐ *En sus Marcas...* ¿Cuál es el trabajo más aburrido que te puedas imaginar?

☐ *Listos...* ¿Qué papel han jugado el servicio y la caridad en tu vida?

☐ *¡Fuera!* ¿Hago lo suficiente para animarte?

Cita 59

□ *En sus Marcas...* Si ganáramos la lotería, ¿cómo cambiarían nuestras vidas?

□ *Listos...* ¿Hay algo de tu infancia que no te gustaba, pero que ahora puedes apreciar?

□ *¡Fuera!* ¿Cómo me demuestras tu amor?

Cita 60

☐ *En sus Marcas...*   ¿Cuál es el recuerdo favorito de una mascota o animal?

☐ *Listos...*   ¿Cómo les demuestras el amor de Cristo a los extraños?

☐ *¡Fuera!*   ¿Te incomoda hablar de nuestra intimidad física?

Cita 61

□ *En sus Marcas...* ¿Alguna vez te ha sorprendido totalmente recibir algo gratis?

□ *Listos...* ¿Qué es lo más valiente que has hecho en tu vida?

□ *¡Fuera!* En una escala del 1 al 10, en donde 10 es alto, ¿qué tan feliz estás con nuestro matrimonio en esta etapa de nuestra vida?

Cita 62

☐ *En sus Marcas*... Cuál es el comportamiento más indignante que hayas presenciado personalmente?

☐ *Listos*... ¿Hay rasgos de carácter que heredaste de tus abuelos?

☐ *¡Fuera!* ¿Cómo respondo cuando estás justamente molesto/a conmigo?

Cita 63

☐ *En sus Marcas...* ¿De qué edad te sientes?

☐ *Listos...* ¿Hay algo que te gustaría poder hacer mejor?

☐ *¡Fuera!* ¿Crees que me concentro más en tus defectos o en tus atributos?

Cita 64

☐ *En sus Marcas...* ¿Qué te hace sonreír instantáneamente?

☐ *Listos...* ¿Te gustaría vivir más de 100 años?

☐ *¡Fuera!* ¿Cómo has bendecido nuestro matrimonio?

Cita 65

☐ *En sus Marcas...* ¿Dónde te gustaría echar un vistazo "detrás de escena"?

☐ *Listos...* ¿Tu viaje como cristiano ha sido un camino recto o sinuoso?

☐ *¡Fuera!* ¿Cuál es tu primer recuerdo de la infancia?

Cita 66

☐ *En sus Marcas...* ¿Hay algo en lo que deseas ser el mejor del mundo?

☐ *Listos...* Si nunca ganaras un centavo con tus esfuerzos, ¿qué harías de todos modos?

☐ *¡Fuera!* ¿Qué te vigoriza y te anima más?

Cita 67

☐ *En sus Marcas...* ¿Alguna vez has querido oponerte a una boda?

☐ *Listos...* ¿Cuál ha sido el momento más vergonzoso de tu vida?

☐ *¡Fuera!* ¿Soy receptiva/o a tus esfuerzos para llamar mi atención?

Cita 68

☐ *En sus Marcas...* ¿Qué venderías si tuvieras un infomercial?

☐ *Listos...* ¿Hay alguna ley que te gustaría derogar?

☐ *¡Fuera!* ¿Cuál es la peor angustia emocional o mental que has sufrido?

Cita 69

☐ *En sus Marcas...* ¿Preferirías ser abogado/a o juez?

☐ *Listos...* ¿Hay alguna historia favorita de tu vida que disfrutes contar?

☐ *¡Fuera!* ¿Cuáles son tus sueños de jubilación?

Cita 70

☐ *En sus Marcas...* Si te obligaran a hacerte un tatuaje, ¿qué elegirías?

☐ *Listos...* ¿Qué haces que siempre me hace sonreír?

☐ *¡Fuera!* ¿A quién esperas más ver en el cielo?

Cita 71

☐ *En sus Marcas...* ¿Qué te exaspera?

☐ *Listos...* Si el presidente te necesitara para un proyecto especial, ¿qué experiencia podrías ofrecer?

☐ *¡Fuera!* ¿Alguna vez querrías mudarte de donde vivimos actualmente?

Cita 72

☐ *En sus Marcas...* ¿Había alguna tarea o actividad en tu infancia que detestabas?

☐ *Listos...* ¿Hay algo que la gente te pregunte con frecuencia?

☐ *¡Fuera!* ¿Cuál es la mejor parte de estar casados?

Cita 73

☐ *En sus Marcas...* ¿Qué hace que las personas se vean ridículas y que ellas creen que las hace lucir bien?

☐ *Listos...* ¿Cómo describirías un día perfecto?

☐ *¡Fuera!* ¿Alguna vez te has decepcionado de mi al buscarme como apoyo emocional?

Cita 74

☐ *En sus Marcas...* ¿En qué trabajos no te desempeñarías bien?

☐ *Listos...* ¿Eres conocido/a por tu generosidad?

☐ *¡Fuera!* ¿Cómo completarías la siguiente oración, "Nuestro matrimonio sería bendecido si nosotros _____?"

Cita 75

☐ *En sus Marcas...* ¿Bailas a veces incluso sin música?

☐ *Listos...* ¿Te sientes cómodo o incómodo con un estilo de oración carismático?

☐ *¡Fuera!* ¿Cómo experimentas emocionalmente mi amor por ti?

Cita 76

☐ *En sus Marcas...* ¿Escuchar la música de un camión de helados te hace sonreír?

☐ *Listos...* ¿Qué tema elegirías para un documental?

☐ *¡Fuera!* ¿Hay algún aspecto de nuestro matrimonio que te hace sentir triste o decepcionado?

Cita 77

□ *En sus Marcas...* ¿Prefieres una casa en un lago o en la playa?

□ *Listos...* ¿Puedes contarme la historia de tu vida en 2 minutos o menos?

□ *¡Fuera!* ¿Qué lección marital te tomó más tiempo aprender?

Cita 78

☐ *En sus Marcas...* ¿Cuál es tu posesión personal más antigua?

☐ *Listos...* Si fueras presidente, ¿cuál es la primera orden ejecutiva que instituirías?

☐ *¡Fuera!* ¿Te sientes seguro en nuestra relación?

Cita 79

☐ *En sus Marcas...* ¿Te consideras de mantenimiento bajo o alto?

☐ *Listos...* ¿Preferirías fallar o no intentarlo nunca?

☐ *¡Fuera!* ¿Cuál es una opinión impopular que tienes?

Cita 80

☐ *En sus Marcas...* ¿Qué es algo que te dices a ti mismo que harás cuando te jubiles o tengas más tiempo?

☐ *Listos...* ¿Qué persona ha sido la mayor influencia en tu vida?

☐ *¡Fuera!* ¿Estás concentrado en tu relación con Jesús o estás distraído por las actividades del mundo?

Cita 81

☐ *En sus Marcas...* Si tuviéramos que ingresar a un programa de protección de testigos, ¿qué nombre elegirías y dónde te gustaría vivir?

☐ *Listos...* ¿Para qué cosa naciste?

☐ *¡Fuera!* ¿Estoy continuamente tratándote como la persona más importante de mi vida?

Cita 82

☐ *En sus Marcas...* ¿Quién, además de mí, es tu persona favorita en el mundo?

☐ *Listos...* ¿Qué harías si no te importara lo que piensen los demás?

☐ *¡Fuera!* ¿Estoy atenta/o a tus necesidades sexuales?

Cita 83

☐ *En sus Marcas...* ¿Qué tendencia de moda te gustaría que regresara y cuál te gustaría que desapareciera?

☐ *Listos...* ¿Cómo puedes saber si alguien te está mintiendo?

☐ *¡Fuera!* ¿Cuáles son los 3 momentos más felices de tu vida?

Cita 84

☐ En sus Marcas... ¿Qué récord mundial te gustaría romper?

☐ Listos... ¿Qué cualidades admiras en otras personas?

☐ ¡Fuera! ¿Estoy alguna vez a la defensiva contigo?

Cita 85

☐ *En sus Marcas...* ¿Qué hizo que tu mejor amiga/o
de la infancia fuera tan especial?

☐ *Listos...* ¿Cuál es tu lugar favorito en la
tierra?

☐ *¡Fuera!* ¿Qué oración esperas todavía que
Dios te responda?

Cita 86

☐ *En sus Marcas...* Si instantáneamente pudieras ser sobresaliente en un deporte olímpico, ¿cuál elegirías?

☐ *Listos...* ¿A dónde te gusta ir cuando necesitas tiempo a solas?

☐ *¡Fuera!* ¿Tratamos nuestro matrimonio con una perspectiva de "nosotros" o de "yo"?

Cita 87

☐ *En sus Marcas...* Si no tuvieras acceso a tu celular durante un mes, ¿qué extrañarías más?

☐ *Listos...* ¿Crees que pasamos suficiente tiempo juntos como pareja?

☐ *¡Fuera!* ¿Es mi amor por ti obvio para ti y para los demás?

Cita 88

☐ *En sus Marcas...* ¿Preferirías hablar 7 idiomas con fluidez o ser un genio con instrumentos musicales?

☐ *Listos...* ¿Cómo ves tu papel en nuestra relación?

☐ *¡Fuera!* ¿Con qué querrías una segunda oportunidad?

Cita 89

☐ *En sus Marcas...* ¿Alguna vez te has reído tanto como para hacerte pipi?

☐ *Listos...* Si fueras a enterrar una cápsula del tiempo, ¿qué incluirías?

☐ *¡Fuera!* ¿Qué podríamos hacer como pareja para amar mejor a las personas que nos rodean?

Cita 90

☐ *En sus Marcas...* ¿Qué dulce o golosina de la infancia disfrutaste más?

☐ *Listos...* ¿Existe un área de nuestra fe cristiana en la que te gustaría que profundizáramos más?

☐ *¡Fuera!* ¿Demostramos respeto mutuo?

Cita 91

☐ *En sus Marcas...* Si esta etapa de nuestra vida fuera una canción country, ¿cuál sería el título?

☐ *Listos...* ¿Qué hace que sientas que perteneces a un grupo?

☐ *¡Fuera!* ¿En qué circunstancias te sientes más cercano a mí?

Cita 92

☐ *En sus Marcas...* Si tuvieras que impartir un curso, ¿qué enseñarías?

☐ *Listos...* ¿Hay algo en tu lista de deseos que pueda sorprender a la gente?

☐ *¡Fuera!* ¿Cuál es el área de mi vida en la que has visto el mayor crecimiento?

Cita 93

□ *En sus Marcas...* ¿Tienes un doble famoso?

□ *Listos...* ¿Cómo me vestirías para una cita nocturna?

□ *¡Fuera!* ¿Qué es lo que más disfrutas de mi compañía?

Cita 94

☐ *En sus Marcas* ... ¿A qué evento te gustaría asistir si tuvieras acceso V.I.P.?

☐ *Listos* ... ¿Son mis abrazos demasiado cortos, demasiado largos o exactamente adecuados para ti?

☐ *¡Fuera!* ¿Respeto tu conocimiento en la toma de decisiones?

Cita 95

☐ *En sus Marcas...* Si respaldaras una marca comercial actual, ¿cuál elegirías?

☐ *Listos...* ¿Qué fortalece tu fe?

☐ *¡Fuera!* ¿Estás satisfecho/a con la frecuencia y calidad de nuestra intimidad física?

Cita 96

☐ *En sus Marcas...* ¿Cuándo fue la última vez que te hice reír?

☐ *Listos...* ¿Hay algo que nunca hayas hecho, pero te gustaría hacer?

☐ *¡Fuera!* ¿Qué significo para ti?

Cita 97

☐ *En sus Marcas...* ¿Qué es algo que asusta a otras personas pero que no te asusta a ti?

☐ *Listos...* ¿En qué temas te consideras un/a experto/a?

☐ *¡Fuera!* ¿Cómo proteges y defiendes lo que es importante para ti?

Cita 98

☐ *En sus Marcas...* ¿Qué es lo que más te gusta?

☐ *Listos...* ¿Hay algo que te gustaría inventar?

☐ *¡Fuera!* ¿Cómo se siente la gente después de pasar tiempo contigo?

Cita 99

☐ *En sus Marcas...* ¿De qué te has aburrido recientemente?

☐ *Listos...* ¿Cómo puedo mimarte más?

☐ *¡Fuera!* ¿Qué situaciones difíciles superaste de niño/a?

Cita 100

☐ *En sus Marcas...* Si tuvieras una tienda minorista, ¿qué venderías?

☐ *Listos...* ¿Qué es algo que te gustaría hacer juntos más a menudo?

☐ *¡Fuera!* ¿Crees que otros ven nuestro matrimonio como piadoso?

Cita 101

☐ *En sus Marcas...* ¿Alguna vez alguien te ha salvado la vida?

☐ *Listos...* ¿Cuál es la situación social más incómoda que has vivido?

☐ *¡Fuera!* ¿Hay algún miedo que te gustaría superar?

Cita 102

☐ *En sus Marcas...* ¿A quién te gustaría observar por un día?

☐ *Listos...* ¿Eres demasiado rápido/a o lento/a para confiar en la gente?

☐ *¡Fuera!* ¿Hubo alguien que necesitaba ayuda y ahora te arrepientes de no haberlo ayudado?

Cita 103

☐ *En sus Marcas...* ¿Prefieres escuchar las buenas o las malas noticias primero?

☐ *Listos...* ¿Qué te motiva a hacer tu mejor esfuerzo?

☐ *¡Fuera!* ¿Crees que a veces te bloqueo?

Cita 104

☐ *En sus Marcas* ... ¿Cuál sería peor un vecino ruidoso o entrometido?

☐ *Listos* ... ¿Qué es algo que esperas en nuestro futuro?

☐ *¡Fuera!* ¿Hay algo que yo hago que te vuelve loco/a?

Cita 105

□ *En sus Marcas...* ¿Hay algún artículo personal que pierdes con frecuencia?

□ *Listos...* ¿Cuáles son 3 cosas que realmente aprecias que yo hago por ti y nuestra familia?

□ *¡Fuera!* ¿Sientes que hay un vacío espiritual en nuestra vida que el Señor nos está llamando a llenar?

Cita 106

☐ *En sus Marcas...* ¿Alguna vez has perdido un artículo que es insustituible?

☐ *Listos...* ¿Qué cosa única de mí te resulta admirable?

☐ *¡Fuera!* ¿Te sientes seguro/a emocionalmente al ser vulnerable conmigo?

Cita 107

☐ *En sus Marcas...* ¿Prefieres estar solo en una isla desierta o tener a alguien contigo que nunca deje de hablar?

☐ *Listos...* ¿Cuál fue tu primera impresión de mí?

☐ *¡Fuera!* ¿Nos estamos acercando o nos estamos alejando el uno del otro?

Cita 108

☐ *En sus Marcas...* ¿Cuál es la peor película que has visto en tu vida?

☐ *Listos...* Si pudieras pasar 24 horas haciendo cualquier cosa conmigo, ¿qué elegirías?

☐ *¡Fuera!* ¿En qué área de nuestra relación necesitas que sea más paciente y flexible?

Cita 109

☐ *En sus Marcas...* Si estuvieras a cargo de un museo, ¿qué artículos famosos te gustaría exhibir?

☐ *Listos...* ¿Qué es algo que quisieras que yo nunca cambiara de mí?

☐ *¡Fuera!* ¿Percibes que hay aspectos de mi vida a los que no tienes acceso?

Cita 110

□ *En sus Marcas...* ¿Qué aromas u olores te
reconfortan?

□ *Listos...* Además de la Biblia, ¿cuáles son
tus libros cristianos favoritos?

□ *¡Fuera!* ¿Crees que haces un buen
esfuerzo para satisfacer mis
necesidades?

Cita 111

☐ *En sus Marcas...* ¿Qué fue lo primero que te atrajo de mí?

☐ *Listos...* ¿Tienes alguna inseguridad de ti mismo/a?

☐ *¡Fuera!* ¿Qué debo saber de ti que nunca pensé en preguntar?

Cita 112

☐ *En sus Marcas...* ¿Qué disfraces de Halloween usaste de niño/a?

☐ *Listos...* ¿Has aprendido algo observando los matrimonios de otras personas?

☐ *¡Fuera!* ¿Dirías que nos amamos más o menos que cuando nos casamos?

Cita 113

☐ *En sus Marcas* ... Si empezáramos un grupo de música a dúo, ¿cómo llamaríamos a nuestra banda?

☐ *Listos* ... ¿Cuál es la mejor parte de pasar tiempo juntos?

☐ *¡Fuera!* ¿Cuándo te sientes realmente vivo/a?

Cita 114

☐ *En sus Marcas...* ¿Qué palabra describe mejor nuestro matrimonio?

☐ *Listos...* ¿De qué maneras crees que amamos distinto?

☐ *¡Fuera!* ¿Te gusta la persona en la que te has convertido?

Cita 115

☐ *En sus Marcas...* ¿Qué programa de juegos crees que podrías ganar?

☐ *Listos...* ¿A quién, además de mí, ha puesto el Señor en tu vida por una razón específica?

☐ *¡Fuera!* ¿Cómo puedo agregar más valor a nuestro tiempo de calidad juntos?

Cita 116

☐ *En sus Marcas...* ¿Alguna vez te ha ayudado un libro de autoayuda?

☐ *Listos...* ¿Cuáles son tus 2 cosas que más te molestan?

☐ *¡Fuera!* ¿Hay algo específico que hice recientemente que te hizo sentir amado/a, honrado/a y respetado/a?

Cita 117

☐ *En sus Marcas...* ¿Cuál es la mejor broma que le
has hecho a alguien?

☐ *Listos...* ¿Has marchado alguna vez a favor
o en contra de alguna causa?

☐ *¡Fuera!* ¿De qué maneras trabajamos bien
juntos?

Cita 118

☐ *En sus Marcas...* Si compraras un yate, ¿qué nombre le pondrías?

☐ *Listos...* ¿Le damos un valor similar a las actividades de descanso?

☐ *¡Fuera!* ¿Qué es algo que desearías que entendiera más sobre ti?

Cita 119

☐ *En sus Marcas...* ¿Participarías alguna vez en un reality show?

☐ *Listos...* ¿Qué lección importante aprendiste fuera de la educación formal?

☐ *¡Fuera!* ¿Estoy anteponiendo cosas menos importantes a nuestro matrimonio?

Cita 120

☐ *En sus Marcas...* ¿Qué superpoder escogerías si fueras superhéroe por un día?

☐ *Listos...* Durante tu infancia, ¿qué sucedía en una típica hora de comida?

☐ *¡Fuera!* ¿Hubo alguna vez algo que pediste en oración que realmente quisiste, pero luego te sentiste aliviado de que Dios no respondiera?

Cita 121

☐ *En sus Marcas...* ¿A quién, vivo o fallecido, te gustaría invitar a una cena?

☐ *Listos...* ¿Cómo te sales del mal humor?

☐ *¡Fuera!* ¿Hay algo que no hayas compartido conmigo que te mantenga despierto/a por la noche?

Cita 122

☐ *En sus Marcas...* ¿Qué revista te elegiría para su portada?

☐ *Listos...* ¿Piensas en mí durante el día?

☐ *¡Fuera!* ¿Qué te lleva a sentirte abrumado/a?

Cita 123

□ *En sus Marcas...* ¿Qué tema musical se escucharía cada vez que tu entras a una habitación?

□ *Listos...* ¿Hay algo por lo que te sientas cohibido/a conmigo?

□ *¡Fuera!* ¿Cuáles son tus valores fundamentales y estás siendo fiel a ellos?

Cita 124

☐ *En sus Marcas* ... ¿Hay alguna palabra que resuma al Internet?

☐ *Listos* ... ¿Qué es lo mejor que hice por ti en una ocasión especial?

☐ *¡Fuera!* ¿Estamos creciendo juntos o separados con respecto a nuestros valores y nuestra moral?

Cita 125

☐ *En sus Marcas...* ¿Hay algún himno o una canción de alabanza y adoración que te brinde paz y gozo?

☐ *Listos...* ¿Qué es algo que pospones con regularidad?

☐ *¡Fuera!* ¿Cómo sabes cuando estoy feliz?

Cita 126

☐ *En sus Marcas...* ¿Cómo describirías toda tu vida en una sola frase?

☐ *Listos...* ¿Se te hace difícil no estar de acuerdo con los demás?

☐ *¡Fuera!* ¿Qué cambio importante crees que debo hacer en mi vida y que estoy evitando?

Cita 127

☐ *En sus Marcas…* ¿Aceptarías la oportunidad de viajar al espacio?

☐ *Listos…* ¿Qué quieres hacer, pero nunca encuentras el tiempo?

☐ *¡Fuera!* ¿Cómo podemos mejorar nuestras habilidades de resolución de conflictos?

Cita 128

☐ *En sus Marcas...* Si estuvieras varado en una isla desierta, ¿qué 3 elementos materiales te gustaría tener?

☐ *Listos...* Cuando eras pequeño, ¿con quién eras más cercano en tu familia?

☐ *¡Fuera!* ¿Cómo te sientes al tomar descansos cuando nuestras discusiones se vuelven demasiado abrumadoras emocionalmente?

Cita 129

□ *En sus Marcas...* ¿Qué película famosa elegirías protagonizar si hicieran una nueva versión?

□ *Listos...* ¿Estarías abierto a asistir a un retiro anual de parejas?

□ *¡Fuera!* ¿Cómo prefieres que te comunique una queja sobre nuestra relación?

Cita 130

☐ *En sus Marcas*... ¿Cómo pasarías un año de vacaciones pagadas?

☐ *Listos*... ¿Qué extrañas ahora que solíamos hacer juntos?

☐ *¡Fuera!* ¿Cuál de los 10 mandamientos te cuesta más trabajo?

Cita 131

□ *En sus Marcas...* ¿Qué podrías hacer durante horas y horas sin considerar una pérdida de tiempo?

□ *Listos...* Si pudieras reescribir la historia, ¿qué evento mundial significativo cambiarías?

□ *¡Fuera!* ¿Cómo calificarías nuestra capacidad de compromiso en nuestra relación?

Cita 132

☐ *En sus Marcas...* ¿En qué se parece nuestro matrimonio a una aventura?

☐ *Listos...* Durante tu crianza, ¿tuviste que seguir alguna regla inusual o extraña?

☐ *¡Fuera!* ¿Manejo bien mis detonadores de estrés diarios o te los paso a ti?

Cita 133

☐ *En sus Marcas...* ¿Con qué canción me recuerdas?

☐ *Listos...* ¿Cómo reaccionas bajo una inmensa presión?

☐ *¡Fuera!* ¿Uso en exceso las palabras "siempre" y "nunca"?

Cita 134

☐ *En sus Marcas*... ¿Tienes un hábito extraño?

☐ *Listos*... ¿Cuándo estás más feliz?

☐ *¡Fuera!* ¿Qué emociones fuertes sientes con regularidad que no están dando buenos frutos?

Cita 135

☐ *En sus Marcas*... ¿Con quién te gustaría cantar a dúo si pudieras elegir a cualquiera en el mundo?

☐ *Listos*... ¿Qué es lo más amable que un miembro de la familia ha hecho por ti?

☐ *¡Fuera!* ¿Alguna vez te ha costado trabajo confiar tu vida al plan de Dios?

Cita 136

□ *En sus Marcas ...* ¿Hay alguna pertenencia mía que desearías que desapareciera?

□ *Listos ...* ¿Te hubiese gustado haber puesto más esfuerzo en tu educación?

□ *¡Fuera!* ¿Qué rasgo de personalidad te gustaría mejorar?

Cita 137

☐ *En sus Marcas...* ¿Qué hobby te gustaría empezar?

☐ *Listos...* ¿Hay alguna historia popular de tu infancia que a tus padres les guste contar sobre ti?

☐ *¡Fuera!* ¿Qué te puede llevar a sentirte triste?

Cita 138

☐ *En sus Marcas...* ¿Cuál característica física mía es tu favorita?

☐ *Listos...* ¿Equiparas "ser emocional" con "estar fuera de control"?

☐ *¡Fuera!* ¿Hay algo que me hayas pedido que hiciera y que descuidé?

Cita 139

☐ *En sus Marcas...* ¿Qué es lo más atrevido que has hecho en tu vida?

☐ *Listos...* ¿A quién te gustaría conocer mejor?

☐ *¡Fuera!* ¿Alguna vez tus pensamientos te han llevado a experimentar ataques de vergüenza?

Cita 140

☐ *En sus Marcas...* En las próximas semanas, ¿qué aventura te gustaría que hiciéramos juntos?

☐ *Listos...* ¿Qué es una pérdida de dinero según tu?

☐ *¡Fuera!* ¿Cómo imaginas el infierno?

Cita 141

☐ *En sus Marcas...* ¿Dónde piensas mejor?

☐ *Listos...* ¿Cómo te sientes más conectado/a
intelectualmente conmigo?

☐ *¡Fuera!* ¿Crees que alguna vez expreso
desprecio hacia ti?

Cita 142

☐ *En sus Marcas...* ¿Alguna vez considerarías postularte para un cargo público?

☐ *Listos...* ¿Qué expresiones o frases solían decir tu madre y tu padre durante tu infancia?

☐ *¡Fuera!* ¿Expresas o reprimes tus emociones?

Cita 143

☐ *En sus Marcas...* ¿Qué canción te saca siempre a la pista de baile?

☐ *Listos...* ¿Hubo alguna actividad en el patio de recreo que te gustó especialmente cuando eras niño/a?

☐ *¡Fuera!* ¿Sientes amargura hacia alguien, incluyéndote a ti mismo?

Cita 144

☐ *En sus Marcas...* ¿Cuáles son las mejores y las peores partes de viajar?

☐ *Listos...* ¿Aprendiste algo de tu primer trabajo?

☐ *¡Fuera!* ¿Qué es lo más peligroso que has hecho en tu vida?

Cita 145

☐ *En sus Marcas* ... ¿Hay alguna actividad que te
calme instantáneamente?

☐ *Listos* ... Como pareja, ¿nos involucramos
demasiado o muy poco en la
iglesia?

☐ *¡Fuera!* ¿Qué pregunta siempre me has
querido hacer y no lo has hecho?

Cita 146

☐ *En sus Marcas...* ¿Quién fue tu primer enamorado y fue el afecto correspondido?

☐ *Listos...* ¿Preferirías pasar un día con tu yo del jardín de infancia o con tu yo mayor?

☐ *¡Fuera!* ¿Qué sabes sobre la educación de tus padres?

Cita 147

☐ *En sus Marcas...* ¿Desearías que viajáramos más o menos, en pareja?

☐ *Listos...* Cuando me miras, ¿ves a un cónyuge que te ama profundamente?

☐ *¡Fuera!* ¿Cuál ha sido tu momento más vulnerable en nuestra relación?

Cita 148

□ *En sus Marcas* ...   ¿Qué desearías poder hacer que no es aceptado socialmente cómo adulto?

□ *Listos* ...   ¿Cuándo fue la última vez que lloraste?

□ *¡Fuera!*   ¿Hay algún momento en el que desearías haber sido más cuidadoso con tus palabras?

Cita 149

☐ *En sus Marcas...* ¿Qué flor te hace pensar en mí?

☐ *Listos...* ¿Hay algo que hayas tirado a la basura y te hayas arrepentido?

☐ *¡Fuera!* ¿Hay alguna de tus amistades que pueda no ser saludable para ti?

Cita 150

☐ *En sus Marcas...* Si fueras profesor, ¿qué asignatura enseñarías?

☐ *Listos...* ¿Has experimentado alguna vez la desolación espiritual?

☐ *¡Fuera!* ¿Cómo estamos honrando a Cristo en nuestro matrimonio?

Cita 151

☐ *En sus Marcas...* ¿Cuáles son las mejores y las peores cosas de ser adulto?

☐ *Listos...* En la escuela, ¿eras líder o seguidor?

☐ *¡Fuera!* ¿Qué tiene de especial nuestra relación en comparación con los demás?

Cita 152

☐ *En sus Marcas*... En una fiesta, ¿dónde te pueden encontrar?

☐ *Listos*... ¿Tuviste un desarrollo temprano o tardío en la pubertad?

☐ *¡Fuera!* ¿Hay alguna organización benéfica a la que te gustaría que le legáramos en nuestro testamento?

Cita 153

☐ *En sus Marcas...* ¿Tenías un lugar especial o secreto para jugar cuando eras niño/a?

☐ *Listos...* ¿Cómo crees que te ven los demás?

☐ *¡Fuera!* ¿Eras de los primeros o últimos elegidos para conformar los equipos deportivos en la clase de Educación Física?

Cita 154

☐ *En sus Marcas...* ¿Cuál es el peor nombre que hayas escuchado para una mascota?

☐ *Listos...* ¿Sueles pensar o hablar primero?

☐ *¡Fuera!* ¿Qué errores has cometido que aún no te has perdonado?

Cita 155

☐ *En sus Marcas* ... ¿Cómo sería un fin de semana ideal para ti?

☐ *Listos* ... ¿Te ha presionado tu familia para que te comportes de un modo en particular?

☐ *¡Fuera!* ¿Qué significan para ti las palabras de San Juan Pablo II en el Ángelus, "Somos un Pueblo de Pascua y Aleluya es nuestro canto!"?

Cita 156

☐ *En sus Marcas...* Si tuvieras que gastar $1,000,000 en un día, ¿qué comprarías?

☐ *Listos...* ¿Qué deseas que yo te preguntara más a menudo?

☐ *¡Fuera!* ¿Necesitas buscar mi perdón por algo?

Cita 157

☐ *En sus Marcas...* ¿Visitaste el lugar de trabajo de tus padres durante tu infancia?

☐ *Listos...* ¿Te comparas injustamente con los demás?

☐ *¡Fuera!* ¿Hay algo en tu vida de lo que necesites menos ahora?

Cita 158

□ *En sus Marcas...* De todos los restaurantes en los que hemos estado juntos, ¿cuál es tu favorito?

□ *Listos...* ¿Tienes tiempo suficiente para disfrutar de tus pasatiempos?

□ *¡Fuera!* ¿Cómo cambiaría tu vida si superaras los miedos autolimitantes?

Cita 159

☐ *En sus Marcas* ... ¿En qué animal te gustaría montar al menos una vez en tu vida?

☐ *Listos* ... ¿Hay algún paso que pudieras tomar para simplificar tu vida?

☐ *¡Fuera!* En tu niñez, ¿te animaron a expresar tus necesidades?

Cita 160

☐ *En sus Marcas...* ¿Alguna vez inventaste un apretón de manos o un lenguaje secreto con un amigo y todavía lo recuerdas?

☐ *Listos...* ¿Cómo se titularía tu autobiografía?

☐ *¡Fuera!* ¿Cómo marca nuestra fe católica una diferencia observable en nuestro matrimonio?

Cita 161

☐ *En sus Marcas...* ¿Qué es lo que más te gustó y lo que menos te gustó de la escuela?

☐ *Listos...* ¿Las personas de las que te rodeas actualmente te traen felicidad?

☐ *¡Fuera!* ¿Te sientes incapaz de relajarte por una abrumadora sensación interna de tener que ser productivo?

Cita 162

☐ *En sus Marcas ...* ¿De qué museo, ciudad o monumento histórico te gustaría ser guía turístico durante un día?

☐ *Listos ...* ¿Cuál es la mejor y la peor Noche de Fin de Año que has vivido?

☐ *¡Fuera!* ¿Cuándo experimentas sentimientos inesperados de ira?

Cita 163

☐ *En sus Marcas...* ¿Tienes un antepasado que realmente admiras?

☐ *Listos...* ¿Cuál de tus cumpleaños ha sido el más especial para ti?

☐ *¡Fuera!* ¿Están los celos dañando nuestro matrimonio?

Cita 164

☐ *En sus Marcas...* ¿Te gusta tu nombre?

☐ *Listos...* ¿Qué cambiarías de tu historial laboral?

☐ *¡Fuera!* ¿Qué rasgos de carácter heredaste de tu madre y de tu padre?

Cita 165

☐ *En sus Marcas...* De niño/a, ¿tenías algún animal de peluche preferido?

☐ *Listos...* ¿Atraes o rechazas el drama?

☐ *¡Fuera!* ¿Algunas veces te has identificado con el Apóstol Tomás el incrédulo?

Cita 166

☐ *En sus Marcas...* ¿Qué hiciste con el dinero del primer cheque de pago que ganaste?

☐ *Listos...* ¿Hay algo que no hayas notado al principio sobre mí pero que has llegado a amar?

☐ *¡Fuera!* ¿Has superado algún miedo?

Cita 167

☐ *En sus Marcas...* ¿Cómo gastarías $1,000 adicionales que solo podrías usar en ti mismo?

☐ *Listos...* ¿Cuál habría sido la carrera de tus sueños?

☐ *¡Fuera!* ¿Hay algo que tengas miedo de decirles a tus padres?

Cita 168

☐ *En sus Marcas...* ¿Qué es lo más extraño que has investigado en línea esta semana?

☐ *Listos...* ¿Cómo la sociedad está promoviendo la disfunción?

☐ *¡Fuera!* ¿Te digo "te amo" lo suficiente?

Cita 169

☐ *En sus Marcas...* ¿Cuál es la mejor y la peor comida que has comido?

☐ *Listos...* ¿Sobre qué cosas necesitas ser más consistente?

☐ *¡Fuera!* ¿Qué es algo que desearías poder cambiar en la vida de tu madre o tu padre?

Cita 170

☐ *En sus Marcas...* ¿Te avergonzarías demasiado, como adulto, perseguir un camión de helados?

☐ *Listos...* ¿Cómo te gustaría mejorar la cultura de la empresa en tu trabajo?

☐ *¡Fuera!* ¿Crees que Dios te ama tal como eres?

Cita 171

☐ *En sus Marcas*... ¿Tienes algún pariente excéntrico?

☐ *Listos*... ¿Qué te motiva a tener éxito en tu carrera?

☐ *¡Fuera!* ¿Con qué miembro de la familia deseas tener una mejor relación?

Cita 172

□ *En sus Marcas* ... ¿Alguna vez te saltaste una clase en la escuela?

□ *Listos* ... ¿Cuándo ha sido la vez que más feliz que te he hecho?

□ *¡Fuera!* ¿Cuál es un recuerdo preciado de tus padres?

Cita 173

☐ *En sus Marcas* ... ¿Tenías algún juego de mesa favorito y uno menos favorito cuando eras niño?

☐ *Listos* ... ¿Qué es lo que más te calma al final de un día difícil?

☐ *¡Fuera!* ¿Cómo sería el mundo de diferente si tú nunca hubieras nacido?

Cita 174

☐ *En sus Marcas...* ¿Qué tenías en mente cuando nos besamos por primera vez?

☐ *Listos...* Durante tu niñez, ¿fuiste elogiado más por tus esfuerzos o por tus talentos naturales?

☐ *¡Fuera!* ¿Qué amigos te acompañaron en los buenos y en los malos momentos?

Cita 175

☐ *En sus Marcas...* En una escala del 1 al 10, en donde 10 es alto, ¿cuál es el nivel más alto de dolor físico que hayas experimentado?

☐ *Listos...* ¿Hay algún tipo de trabajo que te gustaría hacer después de jubilarte?

☐ *¡Fuera!* ¿Qué te ha enseñado Jesús esta semana?

Cita 176

☐ *En sus Marcas...* ¿Cuánto tiempo es demasiado para esperar una mesa en un restaurante?

☐ *Listos...* ¿Qué malos hábitos has superado?

☐ *¡Fuera!* ¿Quién te enseñó sobre de dónde vienen los niños?

Cita 177

☐ *En sus Marcas...* ¿Hay alguna regla que creas que debe romperse?

☐ *Listos...* ¿Hubo un año en tu vida que fue tu favorito?

☐ *¡Fuera!* ¿Cuál fue la peor etapa de tu vida?

Cita 178

☐ *En sus Marcas*... ¿Pasaste el examen de conducir en tu primer intento?

☐ *Listos*... ¿Cuál es el mejor consejo sobre relaciones que has recibido?

☐ *¡Fuera!* ¿Hay alguna acción física o gesto que te parezca romántico?

Cita 179

☐ *En sus Marcas* ...   ¿Qué alimentos empacarías para la canasta ideal de picnic?

☐ *Listos* ...   ¿Hay algo que nunca termine bien?

☐ *¡Fuera!*   ¿Tienes alguna inquietud sobre nuestra situación financiera actual?

Cita 180

☐ *En sus Marcas...* ¿Tuviste alguna colección durante tu infancia?

☐ *Listos...* ¿Has recibido alguna vez un premio?

☐ *¡Fuera!* ¿Tienes un espíritu de aprendizaje?

Cita 181

☐ *En sus Marcas...* ¿Eras el/la preferido/a de algún profesor?

☐ *Listos...* ¿Cuál ha sido la experiencia más extraña de tu vida?

☐ *¡Fuera!* ¿Hay alguien a quien te cuesta trabajo perdonar?

Cita 182

☐ *En sus Marcas...* ¿Qué símbolo te describiría si fueras un país?

☐ *Listos...* ¿Tienes hambre de más emoción en tu vida?

☐ *¡Fuera!* ¿Se te hace fácil o difícil admitir cuando estás equivocado/a?

Cita 183

☐ *En sus Marcas...* ¿Qué objetos has perdido en tus viajes anteriormente?

☐ *Listos...* ¿Cuán tradicionalmente "normal" era tu familia?

☐ *¡Fuera!* ¿Alguna vez te has beneficiado de la crítica constructiva?

Cita 184

□ *En sus Marcas...* ¿Quién te enseñó a andar en bicicleta?

□ *Listos...* ¿Alguna vez fuiste castigado cuando eras adolescente?

□ *¡Fuera!* ¿Cuáles son 3 razones por las que alguien debería ser tu amigo?

Cita 185

☐ *En sus Marcas*... Cuando eras niño/a, ¿alguna vez construiste un fuerte?

☐ *Listos*... ¿Quién es la persona más valiente que conoces?

☐ *¡Fuera!* ¿En qué crees que el Señor está obrando actualmente en nuestro matrimonio?

Cita 186

☐ *En sus Marcas...* ¿Hubo alguien que estaba enamorado de ti que no fue correspondido?

☐ *Listos...* ¿Estás esperando algún evento próximo o importante?

☐ *¡Fuera!* ¿Cuál fue un momento decisivo en tu vida?

Cita 187

□ *En sus Marcas...* ¿Alguna vez tuviste un puesto de limonada para ganar o recaudar dinero?

□ *Listos...* ¿Prefieres ser estudiante, empleado o empleador?

□ *¡Fuera!* ¿Qué es algo que tus padres te enseñaron que realmente aprecias ahora?

Cita 188

□ *En sus Marcas...* ¿Cómo respondes en situaciones en las que alguien cuenta una historia o un chiste inapropiado?

□ *Listos...* ¿Eres pesimista, optimista o realista?

□ *¡Fuera!* ¿Qué te gustaría que hiciéramos que nunca hemos hecho?

Cita 189

☐ *En sus Marcas* ... ¿Alguna vez pusiste papel higiénico en una casa como broma?

☐ *Listos* ... ¿He impactado tu caminar con el Señor?

☐ *¡Fuera!* ¿Tienes más miedo al fracaso o al éxito?

Cita 190

☐ *En sus Marcas...* ¿Qué importancia tiene Dios en tu vida diaria?

☐ *Listos...* ¿Cuándo supiste la verdad sobre Santa Claus, el Conejito de Pascua y el Hada de los Dientes?

☐ *¡Fuera!* ¿Alguna vez eres demasiado duro/a conmigo?

Cita 191

☐ *En sus Marcas...* ¿Qué habilidad vergonzosa tienes?

☐ *Listos...* ¿Hay algo que sepas hoy como cierto que no sabías el año pasado?

☐ *¡Fuera!* ¿Alguna vez te has sentido rechazado por mí?

Cita 192

☐ *En sus Marcas...* ¿Cuál de nosotros es el más quisquilloso para comer?

☐ *Listos...* ¿Cuál es la regla o expectativa más importante en nuestro hogar?

☐ *¡Fuera!* ¿Quisieras que me volviera a casar si tú murieras primero?

Cita 193

☐ *En sus Marcas*... ¿Qué estatua crearías si fueras escultor?

☐ *Listos*... ¿Estarías dispuesto a trabajar por menos dinero, pero en donde fueras más feliz?

☐ *¡Fuera!* ¿Qué significo para ti?

Cita 194

☐ *En sus Marcas...* ¿Disfrutaste trepando árboles de niño?

☐ *Listos...* ¿Cuál es el mayor acto de fe que has realizado?

☐ *¡Fuera!* ¿Te preocupa que nuestra agenda tan ocupada nos haya hecho distanciarnos?

Cita 195

□ *En sus Marcas...* ¿Tienes consejos para un nuevo cristiano?

□ *Listos...* ¿Hay algo aparentemente insignificante que escuchaste de niño/a que se haya quedado contigo?

□ *¡Fuera!* ¿Qué 3 artículos salvarías si nuestra casa se incendiara?

Cita 196

☐ *En sus Marcas...* ¿Con qué alimento sería difícil vivir sin él?

☐ *Listos...* ¿El cambio te emociona o te asusta?

☐ *¡Fuera!* ¿Qué harías si te dieran 6 meses de vida?

Cita 197

☐ *En sus Marcas...* ¿Qué te hace procrastinar?

☐ *Listos...* ¿Nuestra vida necesita un botón de pausa o de retroceso?

☐ *¡Fuera!* ¿Qué evento has experimentado que haya cambiado tu vida?

Cita 198

☐ *En sus Marcas*... ¿Cuáles serían 3 cosas sin las que sería difícil vivir?

☐ *Listos*... ¿Cuándo fue la última vez que hiciste algo por primera vez?

☐ *¡Fuera!* ¿Recuerdas alguna vez que hayas llorado lágrimas de felicidad?

Cita 199

□ *En sus Marcas...* ¿Qué es lo más inusual o divertido que te ha pasado en un viaje?

□ *Listos...* ¿Quién puede contar siempre con tu apoyo?

□ *¡Fuera!* ¿Qué es algo que quieres lograr antes de morir?

Cita 200

☐ *En sus Marcas...* ¿Serías un buen crítico de comida?

☐ *Listos...* ¿Qué te avergüenza fácilmente?

☐ *¡Fuera!* ¿Cómo Cristo se te ha revelado personalmente?

Cita 201

☐ *En sus Marcas...* ¿Quién fue tu niñera favorita de la infancia?

☐ *Listos...* ¿Alguna vez te fugaste de casa?

☐ *¡Fuera!* ¿Necesito buscar tu perdón por algo?

Cita 202

☐ *En sus Marcas...* Si el dinero no fuera un problema, ¿cómo diseñarías la casa de nuestros sueños?

☐ *Listos...* ¿Cuál es la mejor sorpresa que has recibido?

☐ *¡Fuera!* ¿Están nuestras diferentes opiniones sobre el dinero dañando nuestra relación?

Cita 203

☐ *En sus Marcas...* ¿Tienes alguna tienda minorista favorita y otra menos favorita?

☐ *Listos...* ¿Hay situaciones sociales que te ponen nervioso/a?

☐ *¡Fuera!* ¿Qué año de tu vida te gustaría repetir?

Cita 204

☐ *En sus Marcas...* ¿Hay algo que te niegues a compartir, incluso conmigo?

☐ *Listos...* ¿Qué experiencias de vida lamentas haberte perdido?

☐ *¡Fuera!* Cuando eras adolescente, ¿recibiste algún consejo de tus padres que desearías no haber ignorado?

Cita 205

□ *En sus Marcas...* ¿Qué es lo que más te gustaría hacer en una de nuestras citas?

□ *Listos...* ¿Te animaron a estar cerca de tu familia extendida?

□ *¡Fuera!* ¿Cuáles de nuestras actividades de fe compartida están teniendo un impacto positivo en la calidad de nuestro matrimonio?

Cita 206

☐ *En sus Marcas...* ¿Hay algunas cosas predecibles sobre mí que realmente te gustan?

☐ *Listos...* ¿Qué persona, viva o fallecida, crees que daría buen consejo matrimonial?

☐ *¡Fuera!* ¿Perdonas y olvidas o perdonas y recuerdas?

Cita 207

☐ *En sus Marcas...* ¿Qué festividad te gustaría crear?

☐ *Listos...* ¿Hay alguna cualidad que siempre buscas en los demás?

☐ *¡Fuera!* ¿Te consideras una persona más apasionado o más razonable?

Cita 208

☐ *En sus Marcas...* ¿Cuál es tu animal favorito para visitar en el zoológico?

☐ *Listos...* ¿A quién consideras un héroe de la vida real?

☐ *¡Fuera!* ¿Qué impacto han tenido nuestros padres en nuestro matrimonio?

Cita 209

☐ *En sus Marcas...* ¿Quién te enseñó a conducir?

☐ *Listos...* ¿Cuál es el mejor cumplido que le puedes dar a una persona?

☐ *¡Fuera!* ¿Hay alguien que te asuste?

Cita 210

☐ *En sus Marcas...* ¿Hay alguna película que te haya marcado seriamente?

☐ *Listos...* ¿Cuáles son los mejores y peores aspectos de este momento en la historia?

☐ *¡Fuera!* Al tomar decisiones, ¿qué papel juega la Palabra de Dios?

Cita 211

☐ *En sus Marcas*... ¿De qué maneras te sientes rico/a?

☐ *Listos*... ¿Cuándo eres más productivo?

☐ *¡Fuera!* ¿Quién te influye más, yo o tu familia de origen?

Cita 212

☐ *En sus Marcas...* ¿Cómo nombrarías un restaurante nuevo que tú abrieras?

☐ *Listos...* ¿Qué juego de mesa te recuerda a nuestro matrimonio?

☐ *¡Fuera!* Durante tu niñez, ¿fuiste sobreprotegido/a o descuidado/a?

Cita 213

☐ *En sus Marcas...* ¿Cómo te gustaría celebrar tu cumpleaños número cien?

☐ *Listos...* ¿Qué está sobrevalorado?

☐ *¡Fuera!* ¿Crees que es demasiado tarde para hacer ciertas cosas en tu vida?

Cita 214

☐ *En sus Marcas...* ¿Cuáles son tus recuerdos del barrio de tu infancia?

☐ *Listos...* ¿Cuándo fue la última vez que estuviste fuera de tu zona de confort?

☐ *¡Fuera!* ¿Vives dentro o fuera de tu definición de integridad?

Cita 215

☐ *En sus Marcas...* ¿Tienes algún artículo favorito en nuestra casa?

☐ *Listos...* ¿Qué te ha impresionado más de mí últimamente?

☐ *¡Fuera!* ¿Estamos diezmando suficiente dinero de nuestros primeros frutos?

Cita 216

☐ *En sus Marcas*... ¿Cuál es el mejor concierto de música al que has asistido?

☐ *Listos*... ¿Cómo completarías esta oración, "Solía pensar_____, pero ahora pienso _____"?

☐ *¡Fuera!* ¿Qué sabes de la vida de tus abuelos?

Cita 217

☐ *En sus Marcas...* ¿Prefieres hacer parasailing, salto
bungee, o ala delta?

☐ *Listos...* ¿Qué te pone nervioso?

☐ *¡Fuera!* ¿Tenemos un ritual amoroso de
conexión cuando comenzamos y
terminamos cada día?

Cita 218

☐ *En sus Marcas...* ¿Qué charla de ánimo te das a ti mismo cada mañana?

☐ *Listos...* ¿Hay alguien quien te gustaría que te escribiera una carta?

☐ *¡Fuera!* ¿Cuál fue el revés más desafiante que has tenido que soportar?

Cita 219

☐ *En sus Marcas...* ¿Cuál es la palabra que menos te gusta?

☐ *Listos...* ¿Hay momentos en los que puede resultar difícil interactuar contigo?

☐ *¡Fuera!* ¿Qué te hace enojar contigo mismo/a?

Cita 220

☐ *En sus Marcas...* ¿Prefieres asistir a una obra de Broadway, al ballet o a un concierto de la sinfónica?

☐ *Listos...* ¿Cuál es el "qué pasaría si" más grande en tu mente?

☐ *¡Fuera!* ¿Cómo te gusta pasar tiempo con el Señor?

Cita 221

☐ *En sus Marcas...* ¿Compartimos algunos rasgos de personalidad en común?

☐ *Listos...* Como adulto, ¿alguna vez cedes a la presión del grupo?

☐ *¡Fuera!* ¿Qué acontecimientos mundiales fueron importantes para ti durante tu infancia?

Cita 222

□ *En sus Marcas...* ¿Qué adjetivo me describe mejor?

□ *Listos...* ¿Eres un soñador o un emprendedor?

□ *¡Fuera!* ¿Hay algo que haya hecho recientemente que pudo haberte lastimado sin saberlo?

Cita 223

☐ *En sus Marcas...* ¿Qué cantante te recuerda tu infancia?

☐ *Listos...* ¿Son tus opiniones más fuertes que las de la mayoría de la gente?

☐ *¡Fuera!* ¿Cuál ha sido la mayor decepción de tu vida?

Cita 224

☐ *En sus Marcas...* ¿Cuál es el mejor y el peor consejo de viaje que has recibido?

☐ *Listos...* ¿En qué situaciones necesitas ser más valiente?

☐ *¡Fuera!* ¿Qué te hace llorar?

Cita 225

☐ *En sus Marcas...* ¿Qué libro de instrucciones podrías escribir?

☐ *Listos...* ¿Por qué razón dejarías tu trabajo actual?

☐ *¡Fuera!* ¿Cómo ha impactado la oración tu vida?

Cita 226

☐ *En sus Marcas...* ¿Qué te aburre hasta llorar?

☐ *Listos...* ¿Hay algún artículo caro que compraste y luego te arrepentiste?

☐ *¡Fuera!* ¿Cuáles son 3 de tus fortalezas?

Cita 227

☐ *En sus Marcas...* ¿Dónde te gustaría vivir durante 6 meses para aprender un nuevo idioma?

☐ *Listos...* ¿Quién te enseñó durante tu infancia?

☐ *¡Fuera!* ¿Se ha frustrado alguno de tus sueños?

Cita 228

☐ *En sus Marcas...* ¿Te gustaría montar una bicicleta tándem conmigo?

☐ *Listos...* ¿Dónde nos ves en 20 años?

☐ *¡Fuera!* ¿Qué es algo que te alegra no tener que volver a hacer nunca más?

Cita 229

☐ *En sus Marcas...* ¿Cuál es el artículo más extraño que has comprado?

☐ *Listos...* ¿Cómo recuerdas mejor a tus abuelos?

☐ *¡Fuera!* ¿Tus padres te dijeron "te amo" cuando eras joven?

Cita 230

☐ *En sus Marcas*... ¿En qué actividades extracurriculares participaste de joven?

☐ *Listos*... ¿Has aprendido más de tus fracasos o de tus éxitos?

☐ *¡Fuera!* ¿Qué características demuestra un matrimonio cristiano maduro?

Cita 231

☐ *En sus Marcas...* ¿A quién en tu vida desearías haber conocido antes?

☐ *Listos...* ¿Estarías dispuesto a morir por una creencia o una causa?

☐ *¡Fuera!* ¿Me esfuerzo lo suficiente con las personas que son más importantes para ti?

Cita 232

☐ *En sus Marcas...* ¿En qué eres más hábil de lo que la mayoría de la gente cree?

☐ *Listos...* ¿Hay algún recuerdo que nunca deja de hacerte reír?

☐ *¡Fuera!* ¿Alguna vez has experimentado una traición?

Cita 233

☐ *En sus Marcas* ... ¿Hubo una clase de secundaria que pensaste que era una total pérdida de tiempo?

☐ *Listos* ... ¿Cuál fue el mejor día de tu vida?

☐ *¡Fuera!* ¿Experimentaste la libertad de explorar tus intereses durante tu infancia?

Cita 234

☐ *En sus Marcas...* ¿Qué aromas u olores les gustan a los demás, pero a ti no te gustan?

☐ *Listos...* ¿Cuál es tu lugar favorito para pasar tiempo conmigo?

☐ *¡Fuera!* ¿Crees que exacerbamos nuestros malos hábitos?

Cita 235

☐ *En sus Marcas...* Cuando eras adolescente, ¿qué modas seguiste?

☐ *Listos...* ¿Qué se subestima?

☐ *¡Fuera!* ¿Sonreiría Jesús ante tus esfuerzos evangelizadores?

Cita 236

□ *En sus Marcas...* ¿Cuál debería ser la edad mínima para contraer matrimonio?

□ *Listos...* ¿Fuiste más de fiesta o estudiaste más cuando eras adolescente?

□ *¡Fuera!* ¿Cuál es la lección más importante que has aprendido gracias a nuestra relación?

Cita 237

☐ *En sus Marcas...* ¿Qué programas de televisión infantil disfrutaste más y cuáles menos?

☐ *Listos...* Cuando hablas de mí a los demás, ¿qué dices?

☐ *¡Fuera!* ¿Hay alguien en tu vida que intente manipularte?

Cita 238

☐ *En sus Marcas*... ¿Qué día festivo esperas con más ansias cada año?

☐ *Listos*... ¿Qué criterio utilizas para determinar si debes confiar en alguien?

☐ *¡Fuera!* ¿Tus padres cuentan alguna historia sobre ti que te parezca molesta?

Cita 239

□ *En sus Marcas...* ¿Con qué tipo de gente saliste en la escuela secundaria?

□ *Listos...* ¿Existe alguna verdad fundamental que conozcas con absoluta certeza?

□ *¡Fuera!* ¿En qué proyecto de remodelación de vivienda te gustaría trabajar próximamente?

Cita 240

☐ *En sus Marcas...* ¿Qué evento histórico no resuelto estarías más interesado en desentrañar?

☐ *Listos...* ¿Hay algo que hayas visto últimamente que te haya hecho pensar en mí?

☐ *¡Fuera!* ¿Cómo has experimentado al Espíritu Santo moviéndose en tu vida?

Cita 241

☐ *En sus Marcas...* ¿Hay alguna decoración festiva favorita que te encantó en la infancia?

☐ *Listos...* ¿Qué es lo que más recuerdas de nuestro primer viaje por carretera?

☐ *¡Fuera!* ¿Cuándo sientes soledad en nuestro matrimonio?

Cita 242

☐ *En sus Marcas...* ¿Cómo podrías ser más organizado?

☐ *Listos...* ¿Cuáles son las tres mejores decisiones que has tomado?

☐ *¡Fuera!* Si escribiéramos un libro sobre el matrimonio, ¿cuál sería el título?

Cita 243

☐ *En sus Marcas...* ¿Qué te gusta del lugar donde vivimos?

☐ *Listos...* ¿Hay algún momento del día en el que prefieras que tengamos conversaciones serias?

☐ *¡Fuera!* ¿Cuándo sientes que el egocentrismo tiene prioridad en tu vida?

Cita 244

☐ *En sus Marcas...* ¿Tienes un artículo de viaje "imprescindible"?

☐ *Listos...* ¿Hay algún logro mío que te traiga alegría?

☐ *¡Fuera!* ¿Cómo trabajamos bien juntos como equipo?

Cita 245

☐ *En sus Marcas...* ¿Cuál es la menor cantidad de tiempo que has tenido un trabajo?

☐ *Listos...* ¿Hay algo que podamos hacer como pareja para mejorar el mundo?

☐ *¡Fuera!* En tiempos difíciles, ¿te sientes más cerca o más lejos del Señor?

Cita 246

☐ *En sus Marcas*... ¿Estás contento con la cantidad de tiempo que pasamos juntos como pareja a solas?

☐ *Listos*... ¿Qué recuerdas de tu primera lesión importante?

☐ *¡Fuera!* ¿Hay algo de lo que no hemos hablado pero que necesitamos conversar?

Cita 247

☐ *En sus Marcas...* ¿Qué tareas le asignarías a un asistente personal?

☐ *Listos...* ¿Cómo recuerdas nuestro primer beso?

☐ *¡Fuera!* ¿Tus padres te animaron a hablar de tus emociones, tanto positivas cómo negativas?

Cita 248

☐ *En sus Marcas...* ¿Cuál es la peor tormenta climática que has experimentado?

☐ *Listos...* ¿Hay momentos en los que no aprecias mi valor?

☐ *¡Fuera!* ¿Cuáles son nuestras fortalezas como pareja?

Cita 249

☐ *En sus Marcas...* ¿Cuál es la clase más difícil que has tomado?

☐ *Listos...* ¿Cómo te sientes cuando te sonrío?

☐ *¡Fuera!* ¿Alguna vez has perdido la confianza en alguien?

Cita 250

☐ *En sus Marcas...* ¿Cómo ha cambiado la ciudad natal de tu infancia a lo largo de los años?

☐ *Listos...* ¿Qué famosos cristianos te gustaría conocer en el cielo?

☐ *¡Fuera!* ¿Crees que a veces hablo demasiado sobre nuestro matrimonio con otras personas?

Cita 251

□ *En sus Marcas*... ¿Qué es lo más satisfactorio de tu trabajo?

□ *Listos*... ¿Cómo describirían nuestros vecinos nuestro matrimonio?

□ *¡Fuera!* ¿Cuál fue tu primera impresión de mi familia de origen?

Cita 252

□ *En sus Marcas...* ¿Cuál ha sido el mejor y el peor servicio al cliente que has experimentado?

□ *Listos...* ¿Cómo te has sacrificado por mí y por nuestro matrimonio?

□ *¡Fuera!* ¿Te ha sorprendido algo de nuestra relación?

Cita 253

☐ *En sus Marcas...* ¿Qué es algo que debería, pero no se enseña?

☐ *Listos...* ¿Nos divertimos lo suficiente juntos?

☐ *¡Fuera!* ¿Qué crees la falta de perdón que le hace a una persona?

Cita 254

☐ *En sus Marcas...* Cuando se trata de ropa, ¿qué es más importante, el estilo o la comodidad?

☐ *Listos...* ¿Qué te ha quitado demasiado de tu vida?

☐ *¡Fuera!* ¿Hay algo que pueda hacer para mejorar mi relación con tus parientes?

Cita 255

En sus Marcas... ¿Para comprar qué artículo estarías dispuesto a hacer línea durante horas?

Listos... ¿A quién en la Biblia, además de Jesús, intentas imitar?

¡Fuera! ¿Crees que tienes suficiente independencia saludable en nuestro matrimonio?

Cita 256

☐ *En sus Marcas...* ¿Cuál es la mejor y la peor fiesta a la que has asistido?

☐ *Listos...* ¿Prefieres visitar a mis padres, a tus padres o evitar ambas visitas?

☐ *¡Fuera!* ¿En qué área de nuestra relación necesitamos trabajar más?

Cita 257

□ *En sus Marcas...* ¿Cuándo fue la última vez que te llevaron a tu límite físico?

□ *Listos...* Mientras paso tiempo con los demás, ¿sigo haciéndote sentir como una prioridad?

□ *¡Fuera!* ¿Qué promesas has cumplido y cuáles has roto en tu vida?

Cita 258

☐ *En sus Marcas...* ¿Cuál era tu juguete favorito de la infancia?

☐ *Listos...* Con nuestro matrimonio en mente, ¿qué consejo les darías a los recién casados?

☐ *¡Fuera!* ¿Quién se esconde detrás de la máscara que le presentas al mundo?

Cita 259

En sus Marcas... ¿Qué es lo más loco que hiciste cuando eras joven?

Listos... ¿He contribuido a crear un hogar cálido y amoroso para nosotros?

¡Fuera! ¿Eres constantemente fiel en el cumplimiento de tus compromisos?

Cita 260

☐ *En sus Marcas...* ¿Qué historia o broma cuentas con más frecuencia?

☐ *Listos...* ¿Cómo describirías tu propio cielo personal en la tierra?

☐ *¡Fuera!* ¿Tiene tu vida un tema recurrente?

Cita 261

En sus Marcas... ¿Quién es más torpe, tú o yo?

Listos... ¿Qué tan rico serías si convirtieras mi amor por ti en dinero?

¡Fuera! ¿Cuál es tu miedo más grande?

Cita 262

☐ *En sus Marcas...* ¿Quién es tu presidente favorito?

☐ *Listos...* ¿Cuál es el cheque de pago más difícil que te hayas ganado?

☐ *¡Fuera!* ¿Cómo podemos fortalecer nuestro matrimonio?

Cita 263

☐ *En sus Marcas...* ¿Cuándo te sientes más patriótico?

☐ *Listos...* ¿Qué es lo que más amas de tus padres?

☐ *¡Fuera!* ¿Está satisfecho con la forma en que compartimos las responsabilidades del hogar?

Cita 264

☐ *En sus Marcas...* ¿Alguna vez has aceptado un desafío?

☐ *Listos...* ¿Le debes una disculpa a alguien?

☐ *¡Fuera!* ¿Qué te puede hacer sentir triste?

Cita 265

☐ *En sus Marcas...* ¿Cómo crees que sería tu vida si tuvieras la carrera que querías cuando eras niño/a?

☐ *Listos...* ¿Cuándo fue la última vez que te sentiste realmente desafiado/a?

☐ *¡Fuera!* ¿Alguna vez has experimentado discriminación por tu fe cristiana?

Cita 266

☐ *En sus Marcas...* ¿Cómo diseñarías un sello postal?

☐ *Listos...* Si pudieras estar en cualquier parte del mundo, ¿dónde estarías y qué estarías haciendo?

☐ *¡Fuera!* ¿Cuál es el mayor logro de tu vida hasta ahora?

Cita 267

☐ *En sus Marcas...* ¿Qué es algo que te alegra haber hecho una vez, pero que probablemente nunca volverás a hacer?

☐ *Listos...* ¿Estás satisfecho con quienes has invitado a tu vida?

☐ *¡Fuera!* ¿Cuál es un recuerdo que atesoras del año pasado?

Cita 268

☐ *En sus Marcas...* ¿Hay algún animal que te cause mucho miedo?

☐ *Listos...* ¿Qué considerarías una vida desperdiciada?

☐ *¡Fuera!* ¿Alguna vez se te ha dado una palabra o imagen profética que te resonó y luego se hizo realidad?

Cita 269

☐ *En sus Marcas...* ¿Hay algún aroma que te gustaría embotellar?

☐ *Listos...* ¿Qué comportamiento te niegas a tolerar de los demás?

☐ *¡Fuera!* ¿He hecho algo recientemente que te haya hecho sentir no respetado/a en público?

Cita 270

☐ *En sus Marcas...* ¿Qué habitación de nuestra casa disfrutas más?

☐ *Listos...* ¿Cuándo fue la última vez que te sentiste realmente orgulloso de ti mismo?

☐ *¡Fuera!* ¿Qué decisiones importantes has basado en discernimiento espiritual?

Cita 271

☐ *En sus Marcas...* ¿Cuál es el peor corte de pelo o peinado que has tenido?

☐ *Listos...* ¿Prefieres un jefe hombre o mujer, o importa realmente?

☐ *¡Fuera!* ¿Tu yo más joven estaría orgulloso de quién eres hoy?

Cita 272

☐ *En sus Marcas...* ¿Qué zapato te pones primero al vestirte, el derecho o el izquierdo?

☐ *Listos...* ¿Cuáles son 3 cosas que tenemos en común?

☐ *¡Fuera!* ¿Hay situaciones en las que crees que "el fin justifica los medios"?

Cita 273

☐ *En sus Marcas...* ¿Prefieres llegar temprano o
llegar tarde a una reunión?

☐ *Listos...* ¿Hay algo que siempre quisiste
hacer cuando eras niño pero que
nunca lo hiciste?

☐ *¡Fuera!* ¿Qué hay extraordinario en la
historia de tu vida?

Cita 274

☐ *En sus Marcas...* ¿Cuál es la cosa no esencial más cara que has comprado?

☐ *Listos...* ¿Cómo nos hicimos sonreír el uno al otro esta semana?

☐ *¡Fuera!* ¿Se ha hecho realidad alguno de tus sueños de toda la vida?

Cita 275

☐ *En sus Marcas...* ¿Hay algo que otras personas hagan que te parezca divertido?

☐ *Listos...* ¿Qué es lo primero que notas en una persona?

☐ *¡Fuera!* ¿Qué tan parecido a Cristo quieres crecer en tu viaje de fe?

Cita 276

☐ *En sus Marcas...* ¿Cuál fue la primera comida que preparaste en tu vida?

☐ *Listos...* ¿Cómo actúa una persona que hace que te disguste inmediatamente?

☐ *¡Fuera!* ¿Qué momento de tu pasado volverías a revivir felizmente?

Cita 277

☐ *En sus Marcas...* ¿Preferirías tener más tiempo o más dinero?

☐ *Listos...* ¿Cuáles son los aspectos positivos de nuestro matrimonio?

☐ *¡Fuera!* ¿Hay alguna meta que pueda ayudarte a lograr este año?

Cita 278

☐ *En sus Marcas...* ¿Preferirías tener un chef personal, un ama de llaves o un masajista como parte del personal?

☐ *Listos...* ¿Cuáles son algunas de las pequeñas cosas que hago que te molestan un poco, pero que secretamente te gustan de mí?

☐ *¡Fuera!* ¿Pasamos suficiente tiempo compartiendo nuestro caminar de fe el uno con el otro?

Cita 279

☐ *En sus Marcas...* ¿Te consideras una persona creativa?

☐ *Listos...* ¿Te gustaría visitar Tierra Santa?

☐ *¡Fuera!* ¿Por qué estás dispuesto a luchar en la vida?

Cita 280

☐ *En sus Marcas* ... ¿Quién desearías que viviera más cerca de nosotros?

☐ *Listos* ... ¿Cuál es para ti el mejor y más difícil aspecto de la Cuaresma?

☐ *¡Fuera!* ¿Hubo algo que tus padres no permitieron, pero debieron haberlo permitido durante tu infancia?

Cita 281

□ *En sus Marcas...* ¿Prefieres ver un amanecer o un
atardecer?

□ *Listos...* ¿A qué pareja admiras más?

□ *¡Fuera!* ¿Cómo hemos progresado en las
metas que nos propusimos para
nuestro matrimonio?

Cita 282

☐ *En sus Marcas...* ¿Alguna vez te has quedado atrapado en un ascensor?

☐ *Listos...* ¿Qué habilidades envidias en otras personas?

☐ *¡Fuera!* ¿Hay distracciones que obstaculicen tu productividad personal o profesional?

Cita 283

□ *En sus Marcas*... ¿Hay algo que has estado haciendo durante años sólo para descubrir que lo has estado haciendo incorrectamente?

□ *Listos*... ¿Cuándo prefieres recibir consejos en lugar de solamente tener un oído atento?

□ *¡Fuera!* ¿Cuál consideras que sea el peor crimen de lesa humanidad?

Cita 284

☐ *En sus Marcas...* ¿Alguna vez te has metido en problemas por jugarle una broma a alguien?

☐ *Listos...* ¿Quién o qué te ha hecho enojar más?

☐ *¡Fuera!* ¿Cuál es la mejor inversión que has realizado en tu vida?

Cita 285

☐ *En sus Marcas ...* ¿Cuál es la primera película que recuerdas haber visto cuando eras niño/a?

☐ *Listos ...* ¿Tengo un atuendo que yo use que sea tu favorito?

☐ *¡Fuera!* ¿Cómo percibes el cielo?

Cita 286

☐ *En sus Marcas...* ¿Qué prenda de vestir has tenido por más tiempo?

☐ *Listos...* ¿De qué manera es nuestra vida más emocionante en este momento?

☐ *¡Fuera!* ¿Tu moral difiere de la de tus padres?

Cita 287

☐ *En sus Marcas...*   ¿Qué pensaría de ti ahora, tu yo de 10 años?

☐ *Listos...*   ¿Quién o qué te desmotiva?

☐ *¡Fuera!*   ¿Cómo has cambiado desde nuestra boda?

Cita 288

☐ *En sus Marcas...* ¿Qué fenómeno natural te gustaría experimentar si la seguridad no fuera una preocupación?

☐ *Listos...* ¿Cuándo te sientes emocionalmente conectada/o a mí?

☐ *¡Fuera!* ¿Eres obsesivo/a en algunas áreas de tu vida?

Cita 289

□ *En sus Marcas...* ¿Eres autodidacta en alguna materia o habilidad?

□ *Listos...* ¿Cómo te hago sentir orgulloso/a?

□ *¡Fuera!* ¿Qué hace que una persona sea inolvidable?

Cita 290

☐ *En sus Marcas...* ¿Qué época elegirías vivir durante un año?

☐ *Listos...* ¿Cómo puedo ayudarte a enfrentar tus miedos?

☐ *¡Fuera!* ¿Qué te trae la paz de Cristo?

Cita 291

☐ *En sus Marcas...* ¿Cuál considera que es la mejor comida que te reconforta?

☐ *Listos...* ¿Están tus prioridades en orden?

☐ *¡Fuera!* ¿Cuál es el consejo más memorable que te han dado sobre la vida?

Cita 292

☐ *En sus Marcas...* ¿Alguna vez has superado una fobia?

☐ *Listos...* ¿Cuál es el mejor regalo que has recibido?

☐ *¡Fuera!* ¿Hay algo que pueda quitarle de tu plato para aligerar tu carga?

Cita 293

☐ *En sus Marcas...* ¿Cuál es el carro de tus sueños?

☐ *Listos...* ¿Eres capaz de enfrentarte a alguien que está maltratando a una persona?

☐ *¡Fuera!* Si tuvieras 24 horas solo/a sin interrupciones, ¿qué harías con el tiempo?

Cita 294

□ *En sus Marcas...* En la escuela, ¿preferías sentarte al frente o al final del salón?

□ *Listos...* Cuando eras pequeño, ¿eran tus padres cariñosos entre ellos?

□ *¡Fuera!* ¿Cómo interactúas con alguien que no está de acuerdo contigo para nada?

Cita 295

☐ *En sus Marcas...* ¿Qué es una cosa que nunca hiciste en la escuela secundaria que desearías haber hecho?

☐ *Listos...* ¿Fuiste un niño o adolescente rebelde?

☐ *¡Fuera!* ¿Qué experiencia trajo tu conversión a Cristo?

Cita 296

☐ *En sus Marcas...* ¿De qué programa de televisión, pasado o presente, te gustaría ser estrella invitada?

☐ *Listos...* ¿Cómo puedo estar más presente en nuestro matrimonio?

☐ *¡Fuera!* ¿Puedes establecer límites saludables con todos en tu vida?

Cita 297

☐ *En sus Marcas* ... ¿Qué frase digo con más frecuencia?

☐ *Listos* ... ¿Hay algo que desearías que te preguntara más a menudo?

☐ *¡Fuera!* ¿Qué te mantiene despierto/a por la noche?

Cita 298

□ *En sus Marcas...* ¿Cómo completaría la siguiente oración, "¿Qué pasaría si hubiera un _____, que podría _____"?

□ *Listos...* ¿Hay alguna forma en la que tú te comportas para ser aceptado por los demás?

□ *¡Fuera!* ¿Cómo determinas lo qué es moral o inmoral?

Cita 299

☐ *En sus Marcas...* ¿Cuál es tu mes favorito y el menos favorito del año?

☐ *Listos...* ¿Cuándo sabes que puedes contar conmigo?

☐ *¡Fuera!* ¿Qué te da esperanza?

Cita 300

☐ *En sus Marcas...* Cuando apenas te despiertas, ¿cómo describirías tu estado de ánimo?

☐ *Listos...* ¿A quién te gustaría escuchar o ver en el género cristiano?

☐ *¡Fuera!* ¿Cuáles fueron los momentos decisivos más importantes en tu vida?

Cita 301

☐ *En sus Marcas...* ¿Qué enfermedad te gustaría curar?

☐ *Listos...* ¿Todavía tienes un objeto preciado de tu infancia?

☐ *¡Fuera!* ¿Otros describirían tu ética de trabajo como relajada o incansable?

Cita 302

□ *En sus Marcas...* ¿Hay algún pasatiempo que te gustaría probar, pero no has tenido la oportunidad?

□ *Listos...* ¿Qué tipo de situaciones te causan frustración?

□ *¡Fuera!* ¿Son tus expectativas para contigo mismo y para con los demás demasiado altas o demasiado bajas?

Cita 303

□ *En sus Marcas...* ¿Quién es más organizado, tú o yo?

□ *Listos...* ¿Con qué frecuencia se hacen realidad tus mayores preocupaciones y miedos?

□ *¡Fuera!* ¿Qué línea nadie debería de cruzar contigo?

Cita 304

☐ *En sus Marcas...* ¿Qué palabra te describió como adolescente?

☐ *Listos...* ¿Cómo pasarías una semana en régimen de aislamiento?

☐ *¡Fuera!* Si tuvieras un amigo que te hablara de la misma manera que te hablas a ti mismo, ¿lo considerarías un buen amigo?

Cita 305

☐ *En sus Marcas* ... ¿Dónde enterrarías un cofre con un tesoro?

☐ *Listos* ... ¿Alguno de tus profesores de la escuela se sorprendería de tu posición actual en la vida?

☐ *¡Fuera!* ¿Somos fieles toda la semana o somos simplemente "cristianos de domingo"?

Cita 306

☐ *En sus Marcas...* ¿Has participado alguna vez en un estudio de investigación?

☐ *Listos...* ¿Hay alguna parte de tu vida que sientes que está en suspenso?

☐ *¡Fuera!* ¿Cuáles quieres que sean tus últimas palabras en la tierra?

Cita 307

☐ *En sus Marcas...* ¿Cómo se compara tu rutina matutina ideal con tu rutina matutina actual?

☐ *Listos...* ¿Dónde estaban los lugares de reunión más populares cuando eras adolescente?

☐ *¡Fuera!* ¿Hay alguna persona en la que desearías no haber confiado?

Cita 308

☐ *En sus Marcas...* ¿Qué actividad estarías dispuesto a practicar una hora al día para adquirir una habilidad excepcional?

☐ *Listos...* ¿Qué tan bueno eres leyendo a la gente?

☐ *¡Fuera!* ¿Cuál sería la mejor versión de tu vida?

Cita 309

☐ *En sus Marcas...* ¿Quién es más olvidadizo, tú o yo?

☐ *Listos...* Si tuvieras el valor, ¿qué es algo que desearías poder decirle a la gente?

☐ *¡Fuera!* ¿Qué le da sentido a tu vida?

Cita 310

☐ *En sus Marcas* ... ¿Qué sonido te molesta más?

☐ *Listos* ... ¿Somos lo suficientemente juguetones entre nosotros?

☐ *¡Fuera!* En nuestro hogar, ¿estamos viviendo la Escritura, "Pero en cuanto a mí y mi casa, serviremos al Señor"? (Josué 24:15)

Cita 311

- [ ] *En sus Marcas...* ¿Cuál es la experiencia más emocionante de tu vida?

- [ ] *Listos...* ¿Hay algo que estés temiendo?

- [ ] *¡Fuera!* ¿Qué pesadilla de la infancia todavía recuerdas?

Cita 312

☐ *En sus Marcas...* ¿Con qué habilidad o destreza te gustaría despertarte mañana?

☐ *Listos...* ¿Hay algo que te resulte más difícil de lo que parece?

☐ *¡Fuera!* ¿Cuál es la realidad más descorazonadora de la que te has dado cuenta en la vida?

Cita 313

☐ *En sus Marcas...* ¿Existe algún libro que deba ser lectura obligatoria para una pareja comprometida?

☐ *Listos...* ¿Cuál fue tu papel dentro de tu familia de origen?

☐ *¡Fuera!* ¿En qué área de tu vida necesitas ejercer más autocontrol?

Cita 314

☐ *En sus Marcas...* ¿Qué es lo más impulsivo que has hecho en tu vida?

☐ *Listos...* ¿Estamos invirtiendo nuestro tiempo adecuadamente en el crecimiento de nuestro matrimonio?

☐ *¡Fuera!* ¿Hay algo de lo que quieras o necesites más en tu vida?

Cita 315

☐ *En sus Marcas*... ¿Cuál es tu número favorito?

☐ *Listos*... ¿Crees que tienes prejuicios?

☐ *¡Fuera!* ¿Quién es el cristiano más lleno de fe que hayas conocido?

Cita 316

☐ *En sus Marcas*... ¿Qué te hace sonrojar?

☐ *Listos*... ¿Cuál personaje de ficción que se parece mucho a ti en términos de actitud?

☐ *¡Fuera!* ¿Qué cosas crees que son incuestionables?

Cita 317

☐ *En sus Marcas* ... ¿Cómo se celebraba tu cumpleaños cuando eras niño/a?

☐ *Listos* ... ¿Hay alguna lección importante que hayas aprendido de un familiar?

☐ *¡Fuera!* ¿Qué te gustaría cambiar de nuestra intimidad matrimonial, si es que hubiera algo?

Cita 318

☐ *En sus Marcas...* ¿Qué canción te hace sentir vergüenza?

☐ *Listos...* ¿Hay algún aspecto inquietante de tu vida?

☐ *¡Fuera!* ¿Qué te avergüenza más de tu pasado?

Cita 319

☐ *En sus Marcas...* ¿Qué insecto te gustaría que se extinguiera?

☐ *Listos...* ¿Cuál es tu recuerdo más divertido de la escuela preparatoria?

☐ *¡Fuera!* ¿Tenías un sentido de pertenencia dentro de tu familia?

Cita 320

☐ *En sus Marcas* ... ¿Hay algo sobre lo que nunca se deba bromear debido a su seriedad?

☐ *Listos* ... ¿Cuáles son tus fortalezas espirituales?

☐ *¡Fuera!* ¿Crees que estás marcando una diferencia en tu comunidad por la forma en que vives tu vida?

Cita 321

☐ *En sus Marcas...* Si estuvieras limitado a un solo tipo de ropa por el resto de tu vida, ¿qué elegirías?

☐ *Listos...* ¿Qué es lo más ambicioso que has intentado alguna vez?

☐ *¡Fuera!* ¿Hay algo que te gustaría que se incluyera en tu funeral?

Cita 322

☐ *En sus Marcas...* ¿Eres bueno/a en situaciones de emergencia?

☐ *Listos...* ¿Cómo completarías la siguiente oración, "Desearía tener a alguien con quien poder compartir ____"?

☐ *¡Fuera!* ¿Qué querrías que supiera si fuera mi último día en la tierra?

Cita 323

☐ *En sus Marcas...* ¿De qué nunca puedes tener suficiente en la vida?

☐ *Listos...* ¿Cómo defines el éxito?

☐ *¡Fuera!* ¿Tus padres son buenos para disculparse cuando se equivocan?

Cita 324

☐ *En sus Marcas...* ¿Qué dulce me describe mejor?

☐ *Listos...* ¿Cuál es la mayor oportunidad que se te ha brindado?

☐ *¡Fuera!* ¿Consideras algo en tu vida como un gran fracaso?

Cita 325

□ *En sus Marcas...* ¿Qué acto tendrías como un hábil artista de circo?

□ *Listos...* ¿Hay algo que deberíamos disfrutar ahora porque no siempre estará disponible?

□ *¡Fuera!* ¿Qué tipo de ministerio te gustaría comenzar?

Cita 326

☐ *En sus Marcas...* ¿Cuándo niño/a, jugaste juegos de pretender ser?

☐ *Listos...* ¿Qué pregunta te gustaría que te hicieran más personas?

☐ *¡Fuera!* ¿Hay un momento en tu vida en el que te sentiste utilizado por alguien?

Cita 327

☐ *En sus Marcas...* Si fuera seguro, ¿qué animal exótico te gustaría tener como mascota?

☐ *Listos...* ¿Cuál es tu lema personal?

☐ *¡Fuera!* ¿Cuándo te sientes más cómodo siendo tu mismo?

Cita 328

☐ *En sus Marcas...* ¿Qué te fascina?

☐ *Listos...* ¿Hay algo que toque tu corazón y restaure tu fe en la humanidad?

☐ *¡Fuera!* ¿Alguna vez te dieron una segunda oportunidad muy necesitada?

Cita 329

☐ *En sus Marcas* ... ¿Cuándo pierdes la noción del tiempo?

☐ *Listos* ... ¿Qué saca a relucir tu sentimentalismo?

☐ *¡Fuera!* ¿Hay un riesgo que tomaste y que no valió la pena?

Cita 330

☐ *En sus Marcas...* ¿Cuáles de tus hábitos divertidos podrían parecer extraños para otras personas?

☐ *Listos...* ¿Crees que más gente te subestima o te admira?

☐ *¡Fuera!* ¿Qué en mí, indica que me esfuerzo por ser como Cristo?

Cita 331

☐ *En sus Marcas...* ¿Cómo deberíamos nombrar
nuestro propio planeta?

☐ *Listos...* ¿Eres sensible a las necesidades
de los demás?

☐ *¡Fuera!* ¿Te dieron nalgadas cuando
eras niño/a y, de ser así, qué
edad tenías cuando cesaron las
nalgadas?

Cita 332

□ *En sus Marcas...* Si organizaras tu propio programa de entrevistas, ¿quién sería tu primer invitado?

□ *Listos...* ¿Qué pregunta crucial quieres que se responda?

□ *¡Fuera!* ¿En qué te pareces a tus padres?

Cita 333

☐ *En sus Marcas...* Si estuvieras en problemas, además de mí, ¿de quién buscarías consejo?

☐ *Listos...* ¿Cómo te las arregla cuando las cosas no van cómo quieres?

☐ *¡Fuera!* ¿Qué necesitamos en nuestra vida para que sea más satisfactoria?

Cita 334

☐ *En sus Marcas...* ¿Por cuál utilería pagarías dinero, la de una película o la de un programa de televisión?

☐ *Listos...* ¿Te consideras un buen juez de carácter?

☐ *¡Fuera!* ¿Cómo defines una "vida bien vivida"?

Cita 335

☐ *En sus Marcas...* ¿Alguna vez has sido el benefactor o receptor de un acto de bondad al azar?

☐ *Listos...* ¿Cuál es el lugar donde el Señor se siente más presente para ti?

☐ *¡Fuera!* ¿Cómo sacamos lo mejor de nosotros mismos?

Cita 336

☐ *En sus Marcas...* ¿Qué diría una camiseta que tu diseñaste?

☐ *Listos...* ¿Cómo respondes a los consejos no solicitados?

☐ *¡Fuera!* ¿Te enseñaron a ver el sexo como algo santo o sucio?

Cita 337

☐ *En sus Marcas...* ¿Cuál sería tu crimen si te arrestaran?

☐ *Listos...* ¿Hay algo inusual que te estresa más de lo que debería?

☐ *¡Fuera!* ¿Cuándo pude haber tomado la iniciativa, pero no lo hice?

Cita 338

□ *En sus Marcas...* ¿Hay algún amigo con el que hayas perdido el contacto y te gustaría volver a contactar?

□ *Listos...* ¿Cuál es la única regla que tienes para ti y que nunca romperás?

□ *¡Fuera!* ¿En qué momento de tu vida estuvo tu autoestima más baja?

Cita 339

□ *En sus Marcas...* ¿Qué estaremos haciendo cuando estemos en nuestros 80s?

□ *Listos...* ¿Cómo puede alguien mejorarse a sí mismo?

□ *¡Fuera!* ¿Tienes una gran necesidad de agradarles a todos?

Cita 340

☐ *En sus Marcas...* Cuando eras niño, ¿qué no te gustaba recibir cuando pedías dulces en Halloween?

☐ *Listos...* ¿Cual es un recuerdo feliz de nuestro matrimonio?

☐ *¡Fuera!* ¿Cuándo has sentido la fuerte presencia de Dios?

Cita 341

☐ *En sus Marcas...* ¿A dónde podríamos ir para un fin de semana romántico?

☐ *Listos...* ¿Cuáles han sido los momentos más productivos de tu vida, y los menos?

☐ *¡Fuera!* ¿Están los sueños de tu vida en espera, avanzando o retrocediendo?

Cita 342

☐ *En sus Marcas...* ¿Qué sabor de helado me describe mejor?

☐ *Listos...* ¿Qué es lo más amable que has hecho por alguien?

☐ *¡Fuera!* ¿Hay algún mal hábito que te cuesta trabajo superar?

Cita 343

☐ *En sus Marcas...* ¿Qué 3 adjetivos me describieron el día de nuestra boda?

☐ *Listos...* ¿Prestas más atención a las personas o a las cosas de tu vida?

☐ *¡Fuera!* ¿Cuál es tu oración número uno?

Cita 344

☐ *En sus Marcas...* Si fueras reportero/a del clima, ¿cómo me describirías?

☐ *Listos...* ¿Cuál es la historia más divertida sobre ti?

☐ *¡Fuera!* ¿Cuándo te has sentido el/la más valiente?

Cita 345

☐ *En sus Marcas...* ¿Cuál consideras que es el mejor platillo de la feria?

☐ *Listos...* ¿Hay algo que sientes que el Señor te está invitando a hacer en este momento?

☐ *¡Fuera!* ¿Cuál es tu mayor arrepentimiento?

Cita 346

☐ *En sus Marcas...* ¿Cuál es la prenda más vergonzosa que te has puesto?

☐ *Listos...* ¿Estás en negación acerca de una persona o situación en tu vida?

☐ *¡Fuera!* ¿Hay algo que me hayas pedido que hiciera que haya descuidado?

Cita 347

□ *En sus Marcas...* ¿Qué es lo más extraño que los de tu familia hacen juntos?

□ *Listos...* Si pudieras revivir una hora de nuestra relación, ¿cuál hora elegirías?

□ *¡Fuera!* ¿Cómo puedo ayudarte a completar algo de la lista de deseos este año?

Cita 348

□ *En sus Marcas...* ¿Tienes algo "imprescindible" para empezar el día?

□ *Listos...* ¿Quién de tu familia tiene la mejor relación?

□ *¡Fuera!* ¿Cuál es la situación más peligrosa a la que has sobrevivido?

Cita 349

☐ *En sus Marcas...* ¿Tuviste un apodo vergonzoso o hiriente durante tu infancia?

☐ *Listos...* ¿Te casarías conmigo de nuevo?

☐ *¡Fuera!* ¿Vivimos nuestro matrimonio con pasión y propósito?

Cita 350

☐ *En sus Marcas...* ¿Alguna vez te perdiste de niño/a?

☐ *Listos...* Si tuvieras un día entero para pasar con Jesús, ¿qué harías?

☐ *¡Fuera!* ¿Qué nos diferencia de otras parejas?

Cita 351

☐ *En sus Marcas...* ¿Cuál es el lugar más inusual en el que te hayas quedado dormido?

☐ *Listos...* ¿Cuándo estoy en mi momento más sexy?

☐ *¡Fuera!* ¿Qué has hecho por las personas que amas?

Cita 352

☐ *En sus Marcas...* Si te hicieras famoso, ¿disfrutarías ser centro de atención o extrañarías tu privacidad?

☐ *Listos...* ¿Sacrificarías tu vida por un extraño?

☐ *¡Fuera!* ¿A quién extrañas más?

Cita 353

☐ *En sus Marcas...* Si tuvieras $300 para gastar en algo especial para mí, ¿qué comprarías?

☐ *Listos...* ¿Cuáles han sido los momentos más tranquilos de tu vida?

☐ *¡Fuera!* ¿Tienes alguna herida o trauma de tu pasado que necesites sanar?

Cita 354

☐ *En sus Marcas...* ¿Hay algún libro que te gustaría que se convirtiera en una película?

☐ *Listos...* ¿Cómo puedo amarte mejor?

☐ *¡Fuera!* ¿Qué es algo que nadie más sabe de ti, aparte de mí?

Cita 355

☐ *En sus Marcas...* ¿Cuál es tu momento favorito del día?

☐ *Listos...* Si tuvieras mil millones de dólares, ¿cómo usarías el dinero para beneficiar a los necesitados?

☐ *¡Fuera!* ¿Soy comprensivo y apoyo los deseos que el Señor ha puesto en tu corazón?

Cita 356

☐ *En sus Marcas...* ¿Hay algo que consideres una absoluta pérdida de tiempo?

☐ *Listos...* ¿Que te inspira?

☐ *¡Fuera!* ¿Pones tus problemas al pie de la cruz sólo para tomarlos nuevamente?

Cita 357

☐ *En sus Marcas...* ¿Qué es algo en lo que nunca se comprometerías en la vida?

☐ *Listos...* ¿Tienes algún miedo a envejecer?

☐ *¡Fuera!* ¿Estás sufriendo espiritualmente de alguna manera?

Cita 358

☐ *En sus Marcas*... ¿Cuál es la noche de sueño más tranquila y reparadora que alguna vez hayas experimentado?

☐ *Listos*... ¿Tienes alguna idea sobre cómo podemos mejorar nuestras citas nocturnas?

☐ *¡Fuera!* ¿Cómo ves tus errores y fracasos en la vida?

Cita 359

☐ *En sus Marcas...* ¿Quién fue tu mejor jefe?

☐ *Listos...* ¿De qué te arrepentirías no haber hecho en la vida?

☐ *¡Fuera!* ¿Sientes que estás poniendo el máximo, o el mínimo esfuerzo en nuestro matrimonio?

Cita 360

☐ *En sus Marcas...* ¿Cómo ha cambiado tu fe en los últimos años?

☐ *Listos...* ¿Qué situación de vida negativa convertiste en positiva?

☐ *¡Fuera!* ¿Hay un área que quieras superar donde yo pueda apoyarte más?

Cita 361

☐ *En sus Marcas...* ¿Le das gracias a Dios por mí todos los días?

☐ *Listos...* ¿La forma en que pasas tu tiempo refleja tus prioridades y tus valores?

☐ *¡Fuera!* ¿Cuáles son algunos de tus objetivos para nuestra relación?

Cita 362

☐ *En sus Marcas...* ¿Qué invento ha beneficiado más a la humanidad?

☐ *Listos...* ¿Hay algo en ti que te gustaría que los demás entendieran?

☐ *¡Fuera!* ¿Qué pregunta no te atreves a hacerle a tu madre o a tu padre?

Cita 363

□ *En sus Marcas...* ¿Ensayas alguna vez una llamada telefónica de antemano?

□ *Listos...* ¿Cuáles son las características de un matrimonio saludable y somos nosotros un buen ejemplo?

□ *¡Fuera!* ¿El Señor te ha hecho consciente de algún aspecto de nuestro matrimonio que necesite atención?

Cita 364

□ *En sus Marcas...* ¿Alguna vez te has quedado despierto toda la noche para ver el amanecer?

□ *Listos...* ¿Cuál es la mayor bendición que te ofrezco como tu cónyuge?

□ *¡Fuera!* ¿He cumplido tus expectativas positivas sobre el matrimonio?

Cita 365

☐ *En sus Marcas...* ¿Cuáles son algunas de las cosas que realmente te gustan de mí?

☐ *Listos...* ¿Puedes nombrar 8 cosas de nuestro matrimonio que te hagan sonreír?

☐ *¡Fuera!* ¿Cuáles son tus recuerdos más preciados de nuestras 365 citas?

Fe, esperanza y claridad

DANA NYGAARD

DANA NYGAARD es una experta en animar a otros a curar heridas y traumas que a menudo bloquean el extraordinario plan que Dios tiene para sus vidas. Combina una maestría en consejería, una licenciatura en educación secundaria y más de treinta y un años de experiencia atrayendo y motivando a audiencias en todo el país. Dana cautiva e inspira a los demás con su calidez, su humor contagioso y su enfoque realista.

Dana es una oradora motivacional muy solicitada que aporta su experiencia como consejera profesional licenciada que se especializa en terapia cognitivo-conductual. Su amplia experiencia en consejería matrimonial y terapia de trauma brinda esperanza y sanación a quienes se encuentran con su enfoque dinámico.

Como fundadores de los Retiros de Matrimonios de Cana (Cana Marriage Retreats), Dana y su esposo, David, viajan a nivel nacional, brindando una combinación única de técnicas de psicoterapia probadas con auténtica espiritualidad cristiana, brindando al público soluciones prácticas que tienen efectos que cambian la vida. Los Nygaard son padres de un hijo adulto y residen en Plano, Texas, donde Dana tiene una próspera práctica privada como psicoterapeuta cristiana.

Para obtener más información sobre cómo tener a
Dana en su evento, visite su sitio web:

www.dananygaard.com
Correo electrónico: info@dananygaard.com